组织绩效管理实战一本通

仝宝雄 著

中国商业出版社

图书在版编目（CIP）数据

组织绩效管理实战一本通 / 仝宝雄著. -- 北京：中国商业出版社，2024.3
ISBN 978-7-5208-2873-4

Ⅰ.①组… Ⅱ.①仝… Ⅲ.①企业绩效—企业管理—研究 Ⅳ.①F272.5

中国国家版本馆CIP数据核字(2024)第050047号

责任编辑：郑　静
策划编辑：刘万庆

中国商业出版社出版发行
（www.zgsycb.com　100053　北京广安门内报国寺1号）
总编室：010-63180647　　编辑室：010-83118925
发行部：010-83120835/8286
新华书店经销
香河县宏润印刷有限公司印刷
﹡
710毫米×1000毫米　16开　13.5印张　150千字
2024年3月第1版　2024年3月第1次印刷
定价：68.00元
﹡﹡﹡﹡
（如有印装质量问题可更换）

前言

组织绩效管理一直是企业战略落地的重要抓手，是很多企业实现组织目标、开发组织成员能力及促进目标达成的重要管理手段之一。数据显示，超过80%的企业把绩效管理作为企业人力资源管理的重点工作，超半数的企业正计划建立、修改和优化内部绩效管理方案。

在"人"的时代，我们都知道管理对象的特征在不断发生变化，而企业要想实现创新，就必须从单纯的工具和技术创新全面扩展到管理理念和管理模式等方面的创新，后者是更深层次的创新，能够持续推动技术工具的创新，进而形成一个加速创新的循环机制。

在"人"的时代，企业团队化越来越成为企业成功的关键因素，这是因为注重团队管理是企业发展强有力的关键点。为了应对外部环境的快速变化和市场竞争的日趋激烈，做到更快地响应市场，赢得竞争优势，企业需要采取团队这种工作形式。因此，绩效管理的重点不能局限于个人，而是要以团队为单位进行。

在组织绩效管理中，团队是不同角色的平等组合。一方面，强调技能的互补性，既要有职能部门的专家，也要有专业的技术人才；既要有决断的剖析者，也要有沟通的协调者。只有这样，才能在和谐的环境中产生优于简单加总的绩效水平。另一方面，团队内部需要共同参与决策，以平等身份进行平等交流，实现决策智能的最大化，从而更有效地促进人才培养、知识沉淀、团队协作和组织自我优化。

为了给读者以帮助，我们特意编写了这本书。该书从解密组织绩效管理入手，重点讲述实施组织绩效管理的要点、组织绩效管理的典型模式、搭建组织绩效管理构架、人工智能时代的组织绩效管理、VUCA时代的组织绩效管理、设计组织绩效管理指标、制订组织绩效计划、组织绩效的辅导、组织绩效考核常用工具、组织绩效的评价、组织绩效的反馈、组织绩效结果的应用等，为企业领导和管理者提供指导和帮助。

目录

上篇　组织绩效管理的基本常识

第一章　解密组织绩效管理 / 2

什么是组织绩效 / 2

组织绩效管理的战略地位 / 7

组织实施糟糕的绩效管理的危害 / 11

卓越组织绩效管理体系的搭建 / 18

当代组织绩效管理的发展趋势 / 20

第二章　实施组织绩效管理的要点 / 25

转变观念，强化全员绩效意识 / 25

组织绩效管理的关键——上下级双向沟通 / 31

明确组织绩效管理关系 / 37

完善组织绩效管理体系 / 40

遵循组织绩效管理的原则 / 43

第三章　组织绩效管理的典型模式 / 47

"德能勤绩"式 / 47

"检查评比"式 / 52

"共同参与"式 / 53

"自我管理"式 / 54

第四章　搭建组织绩效管理构架 / 57

组织绩效的界定：行为和结果 / 57

高绩效团队的特质 / 59

组织绩效管理构架的衡量方法 / 61

组织绩效管理构架的有效分析 / 64

推行组织绩效管理构架 / 65

第五章　人工智能时代的组织绩效管理 / 68

人工智能时代企业需求的四个层级：业务目标、绩效使能、工作环境、个人能力 / 68

组织绩效管理技术之绩效传导基本原理 / 73

不同组织绩效管理的多个环节 / 76

敏捷业绩提升流程——RAPID3 / 82

创建适合时代发展要求的组织绩效改进中心 / 86

第六章　VUCA 时代的组织绩效管理 / 91

VUCA 时代组织绩效管理的特点 / 91

从组织绩效管理到组织绩效引导 / 95

组织绩效管理的游戏化转变 / 98

组织绩效沟通形式丰富多彩 / 101

能力培养将成为组织绩效管理主题 / 105

下篇　组织绩效管理的实战与落地

第七章　设计组织绩效管理指标 / 110

组织绩效指标的初步设计 / 110

组织绩效目标体系的设置 / 114

组织绩效价值结构的梳理 / 116

组织绩效指标权重与目标的设置 / 118

控制组织绩效管理的误差 / 120

第八章　制订组织绩效计划 / 124

组织绩效计划的作用 / 124

组织绩效计划的内容和分类 / 126

制订组织绩效计划的流程 / 129

组织绩效计划的最终目的是"拿结果" / 132

第九章　组织绩效的辅导 / 135

如何有效进行组织绩效辅导 / 135

常见的组织绩效辅导形式 / 139

组织绩效辅导的实用操作技巧 / 142

组织绩效过程的监控方法 / 144

第十章　组织绩效考核常用工具 / 146

关键绩效指标——KPI / 146

目标与关键成果——OKR / 149

关键成功要素——KSF / 151

平衡记分卡——BSC / 155

战略解码——SBP / 158

业务领先模型——DSTE / 161

目标管理——MBO / 163

第十一章 组织绩效的评价 / 166

关键事件法 / 166

行为锚定法 / 168

行为观察法 / 170

加权选择量表法 / 171

强制排序法 / 172

强制分布法 / 173

奖罚机制的建立 / 175

绩效信息的收集 / 177

第十二章 组织绩效的反馈 / 179

组织绩效结果反馈的目的、作用和原则 / 179

组织绩效的分析与诊断 / 181

组织绩效问题的原因分析 / 184

组织绩效的结果分析 / 186

组织绩效的反馈面谈 / 187

组织绩效的改进 / 190

第十三章　组织绩效结果的应用 / 195

组织绩效结果在员工层面的应用 / 195

组织绩效结果在组织层面的应用 / 198

如何操作和处理绩效申诉 / 200

后　记 / 203

上篇 组织绩效管理的基本常识

第一章 解密组织绩效管理

什么是组织绩效

任何一个卓越企业都是从几人逐步发展到几十人、几百人甚至上万人的。企业在创业初期、规模小的时候，一般都是直接管理到个人，管理者对每个员工都很熟悉，每位员工工作怎么样，他们很清楚。但是，随着企业的发展壮大，想要继续管理到个人就不太现实了。而且直接管理到个人太僵化，不利于组织的各级领导发挥主观能动性，出现协作差、组织效率低等管理问题，急需组织通过在绩效管理思想的指导下科学地开展绩效考核工作。

1. 什么是组织绩效？作用如何？

组织绩效是指组织在某一时期内组织任务完成的数量、质量、效率及盈利情况。绩效管理是一种管理方法，旨在通过对员工的工作表现进行评估和反馈，以提高组织的绩效和效率。它是一种系统性的方法，可以帮助组织实现其目标和愿景。管理组织绩效，通常有以下三个目的。

（1）支撑组织战略的达成。就是把老板和管理层内心的大目标，通过组织绩效管理，变成各部门的小目标，让高层管理者的责任和压力变成各部门的责任和压力。一旦战略做完、目标分解完，部门感觉压力不大了，该部门也就没有存在的必要了，因为它对企业的战略和目标没有贡献。所以，把各部门的组织绩效都拿出来，放在一起看看能否看出战略，如果能看出来，就说明大家做得不错。而现实中经常出现的问题就是组织绩效中没有战略目标，不能体现出来组织的战略诉求，也没有长期的目标。

（2）促进组织的协同。围绕组织战略，在交流组织绩效的时候，经常有企业问有没有用一个指标能够很好地解决部门之间的协同？答案是否定的。找这样的一个指标，就好比在开一个主题为如何减少会议的会议，所以一定要从组织定位、组织本身去解决组织协同的问题。举个例子，大部分企业发展到一定程度都会出现一个问题，研发对市场的反应越来越不灵敏，甚至于排斥市场反映的问题，而做着做着研发就成了职能部门，产品竞争力下降，或者产品跟不上。为什么？这就涉及组织定位和组织绩效涉及的问题。在华为，企业产品线是经营组织，每个产品线都要经过独立的收入和利润核算。产品线组织绩效目标中，经营类的目标跟销售部门一样，即订货收入和利润的目标基本上占到40%～50%。在这种考核机制下，企业产品线在老产品上支撑区域，在新产品上是带领区域作战，就能真正做到"力出一孔"。只要了解研发人员一年有多少次出差，出差都干什么，基本上就能知道组织绩效能否牵引产品线冲出去跟市场作战。

（3）衡量组织贡献。主要是因为前面的指标设计和目标设置环节做得不扎实，或者一刀切，最典型的就是把组织绩效换成系数影响组织中每个人的奖金,比如组织绩效为 A 的部门 1.5 的系数、组织绩效为 B 的部门 1.2 的系数。看起来好像用了,但效果并不明显。为什么呢?因为得 A 的部门和得 B 的部门,奖金系数相差 0.3,对绩效好的部门激励力度不够,对绩效不好的部门互相激励也不够。

2. 组织绩效的来源

组织绩效主要来源于 3 个方面。

(1)战略解码。DSTE 流程(Develop Stnategy To Execution)和 BLM 模型(Business Leadership Model),可以解码每个部门的关键任务和每个部门的关键绩效指标(Key Performance Indicators,KPI)。DSTE 流程是指从战略规划到执行,包括三个二级流程:战略规划流程(Strateay Plan,SP)、年度业务规划(Business Plan,BP)和战略执行与监控。BLM 模型被称作"业务领先模型",该模型源自 IBM 一套完整的战略规划方法论。

(2)责任中心和定位。每个部门都有一个来自企业最原始的诉求,该部门的职责和定位也是组织绩效的关键输入。比如研发部门的产品线,企业最初成立产品线的目的就是希望产品线能够跟销售一起为产品在市场上的商业成功负责。有了这个诉求和定位,就要考核收入和产品竞争力,也就是说,产品线要确保产品的竞争力,确保产品在市场上容易销售出去。所以产品线的收入、利润、产品竞争力和产品质量等考核并不源于战略解码,而是源于该部门的责任中心和定位。

(3)业务短板或管理诉求。组织绩效考核的模板,就像体检表一样,比如体检时,血糖指标都会有一个范围。同样,组织绩效考核也有一个范围,有底线值、挑战值和达标值。到了年底可以根据这个表算出单项的

KPI 得分，最终合计得分，形成组织绩效考核得分。

3. 组织绩效管理的基本原则

绝大部分企业都在做组织绩效考核，但依旧不知道该怎么去设置考核指标，也不知道该去参考哪些依据。实际上，这是对组织绩效管理的基本原则不熟悉。

（1）组织绩效管理的核心，是自己跟自己，不断地牵引改进，牵引各个组织发挥最大的潜力。没有一个组织，没有一个业务是相同的，所以每个组织每天都要有所改善，比如自己跟自己比，自己跟友商比，自己跟周边部门比以及自己跟企业的期望比。也就是说，组织绩效始终要放在一个比较管理体系中间去，找到差距，继而进行整个组织的改进。

（2）聚焦核心的战略诉求，精简 KPI 数量。比如每个组织最多要求 15 项指标，并且要让每一位部门管理者聚焦到最重要的指标上来。

（3）简化管理，不要让管理变得更复杂。举个例子，某组织为了考核客户关系指标，设置的考核衡量方法是：回企业吃过多少次饭、回企业参观过多少次、跟客户吃过多少次饭、签了多少战略协议……让一线人员花大量时间去收集这些证据，本应该去做业务的时间，去思考客户的时间，却用来应对企业的考核，最终导致管理过于复杂。

（4）差异化考核。不同的部门职责，发展阶段性不一样。比如对于一个新产品，产品还没出来时，考核产品竞争力没有任何意义，要考核产品什么时候出来、产品什么时候能在市场上应用，而对于老产品，关注重点才是产品竞争力和盈利能力。对一个区域也一样，如果某区域还没开拓出来，就不能定回款率，可以考核客户关系、产品的销售时间。

4.组织绩效和个人绩效的关系

在一些企业中,为什么会出现各部门组织绩效好而企业业绩却不好的现象呢?原因就在于,组织绩效指标设计出了问题。组织绩效只要回答一个问题:各部门到底产出了哪些可分配的价值?组织绩效指标要求客观且可量化,组织绩效理论上只需要"核",不需要"评"。

确定组织绩效后,个人绩效就要回答个人如何有效支撑组织绩效目标。达成个人绩效更多的是业务层面的承诺。

比如,张三负责给苹果树喷洒农药,他的个人绩效就可以从4个方面进行制定:首先,他要预防虫害,所以在他的个人绩效指标中,必须有虫害率指标;其次,他必须保证农药剂量不能超标,超标了苹果卖不出去,所以得有剂量指标进行约束;再次,他要有人均效率指标;最后,他要考虑引进低毒、低残留农药品种,以提升苹果价值,即改善苹果价值指标等。以上4个方面,都是张三的个人绩效内容,我们就把它们统称为个人绩效承诺(Personal Business Commitment,PBC)。

在PBC中,有些是可量化的指标,有些是难以量化的举措;有些是包含可分配价值的结果性指标,有些则是比较间接的结果性指标。在PBC中,结果性指标一般作为考核项,其他则作为考评项。所以个人绩效与组织绩效不同,个人绩效是"考"和"评"相结合,定量的要考,定性的也要评。但无论如何,个人绩效都必须以"考"为主,以"评"为辅。"考"的部分占70%以上,权重才合理,否则"评"的权重太大,又会出现长官导向。

组织绩效管理的战略地位

组织绩效管理的战略地位，实际上是一个绩效管理的定位问题，既是组织绩效管理的目标与方向，也是做好绩效管理的前提。而要做到这一点，首先要明确组织绩效的目标，正确定位组织绩效管理，使组织绩效管理从一开始就走上正确的道路。

组织战略目标的实施需要通过组织体系落实到员工，通过发挥组织中人的作用来实现目标。职位说明书、岗位职责、任职标准等只是规定了岗位的职责资格等内容，却不能说明不同时期各岗位的具体内容，完全按照岗位说明去履行责任，员工就会迷失工作方向。而组织绩效管理就像一条线索，可以将各职位串联起来，给每一位员工都赋予战略任务，为每一位员工制定绩效目标，使企业战略、岗位、员工合为一体。

可以说，组织绩效管理是企业战略目标实现的一种辅助手段，通过有效的目标分解逐步逐层落实，来帮助企业实现预定的战略。只要理顺企业的管理流程，规范管理手段，提升管理者的管理水平，就能提高员工的自我管理能力。

对于一家企业来说，能否做出正确的战略选择非常重要，能否正确地实施战略也同样重要，那么组织绩效管理在企业战略中发挥着什么样的作用呢？

1. 推进组织观念的不断创新

（1）从一定意义上讲，企业管理就是对组织绩效的管理。在企业中，部门经理和主管领导的所有活动都是围绕绩效管理来进行的，包括企业绩效、部门绩效和员工绩效，而企业和部门的绩效则是通过员工绩效的综合来体现的，因此管理就是对绩效的管理。

（2）部门经理和主管领导与员工是绩效合作伙伴关系。组织绩效管理的一项基本功能就是，使部门经理和主管领导与员工形成一种合作伙伴关系，共同关注组织绩效。员工的绩效在某种程度上就是部门经理和主管领导的绩效，部门经理和主管领导绩效的高低要通过员工来实现，因此部门经理和主管领导与员工立场与利益相一致，而非对立的上下级关系。

（3）员工的绩效高低是部门经理和主管领导的重要职责。组织绩效管理将员工绩效作为部门经理和主管领导的主要职责，并明确写入部门经理和主管领导的工作说明书中，对部门经理和主管领导的管理行为造成制约，同时提醒和强化他们的责任意识。

（4）员工是自己的绩效专家。要让员工明白组织绩效对自己的重要意义，了解掌握组织绩效管理的全过程，把员工培养成组织绩效管理专家，提高自我管理和自我控制等能力。

2. 提升企业计划管理的有效性

在现实企业中，管理随意性很大，缺乏一定的计划性，企业经营时紧时松甚至不可控，而组织绩效管理则可以弥补这一问题缺陷。因为组织绩效管理的一个基本功能,就是通过绩效考评这一环节,加强各部门工作的计划性,提高企业经营过程的可控性。组织绩效管理的目的就是,关注企业最终目标,使成员的努力方向从单纯的忙碌转向有效的方向。

3. 促使部门经理和主管领导提高管理能力

有些管理者整天忙于具体的业务工作,缺乏管理技能的培训,无法专心研究如何管人和如何发挥部门优势。而组织绩效管理的制度性和系统性的要求,迫使部门管理者必须制订工作计划,必须对员工做出考评,必须与下属讨论工作和沟通,并帮助下属提高绩效;具有一定的绩效分析与诊断能力,找出组织绩效管理中存在的不足,以便查漏补缺,提高和完善自己的管理技能。从这个意义上说,组织绩效管理实施是提高部门经理和主管领导水平的有效途径。

4. 有助于开发员工的能力和职业生涯

组织绩效管理不同于绩效考评,强调员工今后的工作情况,重视与员工之间的沟通、对员工的工作进行指导;通过绩效考评反馈,有针对性地给员工提供培训和开发的机会,促使员工能力和职业生涯的发展。

5. 有助于企业基础管理的健全和完善

组织绩效管理工作涉及企业的各个部门、各个方面,组织绩效考评的标准也必须通过工作分析的结果来确定,并以此作为考评工作的基础。所以,加强组织绩效管理有利于管理基础工作的健全和完善。同时,在绩效考评过程中,不仅要关注员工个人的考评结果,还要关注部门和企业的整体绩效结果。所以,组织绩效管理具有的全员性和全面性,能够对各种管理信息进行有效的反馈和控制，推动企业的总体管理。

6. 提升计划管理的有效性

有的企业搞管理没有一定的计划，随意性很大，所以企业经营就会处于不可控状态，而组织绩效管理却可以弥补这一问题。组织绩效管理体制强调：认定合理的目标，通过组织绩效考核这一制度性要求，使组织上下认真分析各季度的工作目标并对目标完成结果进行评价，从而加强各部门和员工工作的计划性，提高企业经营过程的可控性。

经常听员工说"最近忙吗？""忙，忙得不得了！""忙些什么呢？"等话，问忙些什么的时候又回答不出所以然，忙得连自己都不知道忙些什么了。在现实企业管理中，很多人往往是为了工作而工作，没有或很少考虑到他们对企业目标的直接贡献。而组织绩效管理会提醒管理者，保持忙碌与达到组织目标并不是一回事，组织绩效管理就是要告诉你：该忙些什么，什么该忙，什么不该忙，不要瞎忙，有些忙是不必要的，甚至有些忙起不到好的作用，还会起坏作用。

7. 提高管理者的管理水平

有些管理者缺乏基本的管理知识和技能，沉迷于具体的业务工作，不知道如何管人，如何发挥部门优势，而组织绩效管理的制度性要求强迫部门管理者必须制订工作计划，必须对员工做出评价，必须与下属讨论工作，并帮助下属提高绩效。这一系列工作本来是每一位管理者应做的事情，但大多数企业没有明确规定下来，淡化了管理者管理企业的责任。组织绩效管理就是要通过设计一套制度化的办法，规范每一位管理者的行为。从这个意义上说，组织绩效管理是提高管理者水平的有效方法。

8. 发现企业管理问题

绩效管理是企业管理中运用最普遍的管理方法，也是企业管理中遇到问题最多的管理主题。企业在实施组织绩效管理问题时，会遇到许多问题与矛盾。但仔细想一想，其实这些问题原本一直就潜伏在内部，只是没有暴露而已。绩效管理是一个系统管理，可能自己的问题，以往没有觉察，但恰恰这一问题正是影响他人的原因。而这些问题的暴露也会使企业找到自己的管理方向。

不过，绩效考核是企业管理的必备要素，却不是万金油，不能作为提升企业经营效率和绩效产出的手段。绩效管理应该是一种锦上添花的机制，不能成为企业发展的束缚和桎梏员工的枷锁。

组织实施糟糕的绩效管理的危害

组织实施糟糕的绩效管理，会给企业造成很多危害。

1. 让组织绩效管理糟糕的因素

（1）缺少战略或未能对战略达成共识。战略是组织绩效管理的起点，战略制定虽然没有标准的范式，但存在可遵循的"套路"，最常见的如"PEST分析""SWOT分析""五力模型""波士顿矩阵"等。组织的战略可以很复杂，如国家的五年规划；也可以很简单，如任正非提出的"方向大致正确"。即使是几句简单的描述，都可以作为组织的发展战略。

对于中小企业来说，战略是个稀缺品，主要原因有：我国企业的寿命都不太长，仍处于机会成长阶段，企业摸石头过河，缺少制定战略的远见与能力；机会很多，企业即使没有战略，也能活得很好；国内政策与市场变化较快，企业认为战略一旦确定，容易失去灵活性，不利于适应外部环境的变化；很多企业家都是在一穷二白的基础上辛苦把企业做起来的，他们无法自我超越，迷信自己的能力，怀疑战略的价值。

组织战略不明确或未对战略达成共识，组织的绩效管理就失去了方向，很难确保自己是在做正确的事情；同时，组织内部各自为政，无法形成合力，组织资源无法实现效率最大化。

（2）组织战略未能有效落地。战略不能自动实现，很多时候组织花费大量的精力进行战略规划，却发现组织发展与战略并不合拍，或是战略对企业发展的影响非常有限，于是就开始怀疑制定战略的必要性。其实，战略成功的关键不仅在于制定战略和对战略达成共识，还需要战略的有效落地，而战略从制定到落地还有很长的路要走。很多管理者发现，即使掌握了很多管理理论，依然做不好管理实践，甚至很多的管理者在外出参加了一系列企业家管理培训后，回来可谓热血澎湃，但依旧是执行得四不像，最后只能不了了之。

（3）未能建立科学的目标责任体系。科学的目标责任体系应该具备纵向一致、横向协同、合理设计等特点，如表1-1所示。

表1-1 科学目标责任体系的特点

特点	说明
纵向一致	组织的各级目标都应与战略保持方向一致，每个目标都能支撑组织战略，都能为组织战略贡献价值。组织必须从其战略出发，将战略目标逐级分解，并落实到员工的日常工作中，而当组织采用自上而下的方式建立目标责任体系时，更需要保证各级目标与组织战略的方向的一致性。可是，即使组织从战略出发分解了目标，受能力或环境等因素影响，目标分解也容易出现偏差，出现"每个人的业绩都很好，但组织业绩不好"的现象
横向协同	目标设置应支持组织内部的横向协同而非竞争，部门之间不存在"零和"现象，但横向协同比纵向一致更难实现。一方面，组织内部"部门墙"林立，各部门获取更多资源的同时承担更少的任务，会尽可能地把问题甩给其他部门；另一方面，管理者基于职责而非成果开展工作，不能主动担当作为，遇到协同需求时，先考虑是不是自己的职责、会不会承担不良后果，而不是考虑是不是对组织整体有益。所以，实现横向协同不仅是目标分解问题，还需要组织文化、业务流程、激励机制等系统支持
合理设计	目标设置需要符合SMART原则且具有一定的挑战性，相应的评价指标与评分规则还能正确传达组织的管理意图。目标设置涉及目标描述、目标值设定、评价指标选取、权重分配与评分规则设计等内容，任何一个环节出现问题，都有可能影响组织绩效管理的整体效果

（4）计划制订与执行容易流于形式。大多HR应该都深有感触：绩效流于形式。目标确定了组织的方向和目的地，而计划则是到达目的地的途径和方式。计划能够牵引组织成员朝着组织目标的方向努力，能够通过提前思考降低未来的不确定性，能够帮助管理者跟踪工作进展并对可能的偏差进行及时调整。缺少计划，目标的实现过程将变得不可控。一方面，管理者不愿意或者不会制订计划。有些管理者认为未来不确定性太多，计划制订以后不利于灵活应变；对于创新性任务认为之前没做过，不

知道需要多少时间和资源，也不知道过程中会产生什么成果，没法做计划；对于重复性或者常规性工作，又觉得很熟悉了没必要做计划。另一方面，即使制订了工作计划，在执行过程中也会存在问题。管理者即使认识到计划的重要性也容易投入不足，很多管理者倾向于将制订计划的工作交给下属去做，但下属受信息、能力所限，制订的计划容易缺少合理性和可操作性；有管理者认为"就算没有按照计划开展工作，只要最终完成目标就可以了，是不是按照计划开展工作并不重要"；有管理者制订计划主要是为了应付上级要求，计划提交之后就被放到一边，平时管理全靠管理者经验。

（5）不能基于组织现状开展组织绩效管理。组织无法基于现状实现卓越，必须不断优化组织结构和业务流程，释放组织效率，促进组织绩效的改进。很多组织的绩效管理努力成效不佳，主要原因是未根据组织发展的需要进行组织结构与业务流程的变革，花费太多的时间去"管理"员工，而没时间去"管理"有问题的系统。而科学的顺序应当是，先根据组织发展要求建立绩效管理目标体系，然后优化业务流程、调整组织结构，推动绩效目标的达成。

（6）各级管理者绩效领导力不足。无论是进行绩效计划、组织，还是领导和控制，管理者都应当是最主要的责任人。但很多管理者却扮演不好自己在组织绩效管理中的角色，缺位与错位现象较为普遍。缺位是指管理者未能承担起组织绩效管理责任，投入不够或当甩手掌柜，下属得不到相应的支持；错位是指管理者进行管理定位时自降一级，总经理做总监的事，总监做部门经理的事，部门经理做主管的事。无论哪种情形，都与管理者组织绩效领导力不足有很大关系。

（7）绩效考核未能有效评价价值贡献。组织既要创造经济价值，又要创造社会价值；既要创造当期价值，又要创造长期价值。价值可以是直接的，也可以是间接的；可以是有形的，也可以是无形的。组织成员创造价值的方式更为复杂，可能是为组织带来经济效益，也可能是为组织赢得外部荣誉；可能表现为具体成绩，也可能表现为一种精神；可能是捷报频传，也可能是一鸣惊人。

组织必须先思考清楚到底认可"什么"价值，并将这一价值假设在组织内达成共识。然而，即使组织清晰地界定了"价值"，依然面临着如何识别与评价"价值"的问题。比如结果绩效相对容易量化，能够客观评价，组织更倾向于评价结果绩效，忽视过程绩效与能力绩效，会让组织创造价值的因素无法得到组织认可，挫伤绩效考核的公平性和成员的积极性，对组织绩效产生比较负面的影响。

（8）未能充分发挥考核结果的应用价值。绩效考核结果应用阶段，组织需要通过确定考核结果、开展经营检讨和实施绩效奖惩等方式来激励成员创造更佳业绩。但在具体实践中，绩效考核结果的应用价值却得不到充分发挥。很多组织选择强制分布的方式确定绩效考核等级，比如常见的绩效为优的最多不超过20%。强制分布的本意是要传递考核压力，激活内部人才脱颖而出，但在应用时却经常"跑偏"。管理者在评定下属考核等级时，即使下属的表现让他恼火，也不愿意将下属评为较差的等级；在确定谁应该被评为优秀等级时，管理者也顾虑重重，担心总给某个人优秀会影响团队士气，或者其他人会排挤总是"优秀"的同事。最终管理者可能会选择"和稀泥"的做法,强制分布变成"轮流坐庄",拉开差距变成"大锅饭"。当然,还有一种比较常见的,为了所谓成本的管控,在绩效奖惩时,组织也倾向于"罚大于奖",以致很多组织提出要开展绩效考核时,组织成员都认为是要开始"扣奖金"了,组织内人人自危,士气低下。

2. 执行力不高的组织绩效管理体系只能带来不利后果

如果绩效管理体系设计不佳,执行不力,则有可能会给涉及的各方带来灾难性的后果,具体体现在以下12个方面。

(1)增加人员流动率。如果员工认为组织绩效管理过程是不公平的,很可能会感到不安,甚至离开组织。他们既可能选择身体上的离开(比如辞职),也可能选择心理上的离开(比如没有找到新工作前,将自己的努力降至最低程度),这些都会极大地增加人员流动率。企业的绩效考核制度不合理或者不完善,企业不能提供合理的、有竞争力的薪酬,通常是引起人才流失的直接原因。

(2)使用错误的或带有误导性的信息。如果一个组织没有实施标准的绩效管理体系,就会有多种可能导致最终得出的员工绩效信息是不真实的,就失去了绩效评价的意义。

(3)损伤员工的自尊心,损害人际关系。如果不能以一种恰当而准确的方式向员工提供绩效反馈,员工的自尊心就有可能会受到损伤,也会导致涉及的各方之间的关系受到损害,甚至有可能让员工产生怨恨情绪。

(4)浪费时间和金钱,增加遭遇诉讼的风险。实施绩效管理体系需要花费大量的金钱和时间,当绩效管理体系设计不佳、实施不良时,这些资源就被浪费掉了。

（5）破坏人际关系。组织绩效管理体系存在缺陷，会损坏各方之间的关系，这种破坏甚至是永久性的。

（6）削弱完成工作任务的动力。员工觉得优良的绩效没有转化为有意义的有形报酬（比如加薪）或无形报酬（比如对个人的认可），工作动力就会削弱。

（7）员工产生工作倦怠感，工作满意度下降。当员工认为绩效评价依据无效，绩效管理体系也不公平时，他们的工作倦怠感和对工作的不满程度就会增加。在这种情况下，员工会变得越来越容易被激怒。这些缺陷也会使他们感到不安，甚至离开组织。

（8）增加遭遇诉讼的风险。当员工感觉受到不公平的绩效评价时，组织就可能遭遇代价昂贵的诉讼。

（9）对管理者和员工的资源产生不合理的要求。糟糕的组织绩效管理体系，不仅无法给组织带来好处，还会占用管理者的大量时间，给对管理者的职责和资源（比如时间）分配产生压力。更加糟糕的是，有些管理者会避开组织绩效管理体系，员工会觉得工作越来越繁重。

（10）绩效评价标准和评价结果不稳定或不公平。在糟糕的组织绩效管理体系中，不同部门之间以及各部门内部，绩效评价标准也不相同，同时也不公平。

（11）容易让员工产生偏见。在糟糕的绩效管理体系中，个人的偏见和关系等可能取代组织的绩效标准。

（12）绩效评价等级体系不清晰。糟糕的绩效管理体系，缺乏有效的沟通，员工可能根本不清楚自己的绩效评价结果是如何产生的，也不清楚绩效评价结果如何转化为报酬。

卓越组织绩效管理体系的搭建

组织绩效是在一段时期内，基于自身的价值定位，承接组织自身或上级组织的目标，通过成员价值创造活动所产生的结果来衡量。组织绩效管理一般有三个目的：一是支撑战略的目标达成，实现目标上下对齐；二是促进组织之间协同，实现力出一处；三是对组织贡献的衡量，实现力出一孔。

企业需要构建完善的组织绩效管理体系，因为组织绩效上接战略，下接员工绩效，是绩效的枢纽。那么如何才能搭建卓越的组织绩效管理体系呢？关键点有三个，即指标牵引、机制保障和运营监督。

1. 指标牵引

设置组织绩效指标，首先要聚焦于核心战略的诉求，也就是支撑战略KPI的实现。因此，组织绩效指标一个重要来源就是战略解码，然后把组织指标分解到个人绩效指标，实现上下目标对齐。

在组织运作中，组织绩效需要纵向落实到员工绩效，而员工的很多工作都是跨部门、跨岗位的，需要不同的业务流程来进行协同。因此，需要从核心关键流程和业务场景出发，梳理出组织业务流程关键控制点的指标。

2. 机制保障

组织绩效管理并不是单独某个部门的事情，需要提升到企业层面去做，并建立组织绩效管理的各层级管理机构。具体来说，要建立由 CEO、战略、HR、财务及业务负责人等组成的管理团队，对组织绩效进行横向协同；建立由各组织业务负责人和核心成员组成的经营团队，实现组织绩效的纵向管理；将负责人当作组织绩效的第一负责人，人力资源负责的是对最终的考评结果运用。

（1）在流程保障方面。人力资源要建立一整套组织绩效管理流程。组织绩效是组织特定价值定位的结果表现，组织需要根据战略要求，建立组织职能与岗位职责的更新流程，既能保证组织与企业战略的有效对接，又能保证组织绩效实现有相应的岗位承接。

（2）在机制保障方面。要建立与组织绩效结果关联的激励机制，例如组织绩效考核结果不仅影响负责人的奖金、晋升等，还影响整个组织获取奖金、员工绩效考核等。

3. 运营监督

从本质上说，组织绩效管理的运营监督就是实行绩效过程的管理，过程管理是绩效结果达成目标的有力保障。企业要将组织绩效管理纳入日常工作中，进行例行化管理，对执行过程进行动态原因分析、提供解决方案并跟踪闭环，跨部门之间进行沟通协调，不能关起门来各自为政，否则组织效率就会大打折扣。

当代组织绩效管理的发展趋势

数智时代是人才制胜未来的时代,也是技术推动社会进步的时代,更是混序交融、协同共生的时代。新的时代背景下,人的结构意愿和能力发生了变化,人与组织之间的关系也发生了变化,组织绩效管理也随之改变。

从绩效考核开始,我们经历了组织绩效考核、组织绩效管理、战略绩效管理、战略绩效运营、数智化绩效治理等阶段,不同的阶段,组织绩效的核心命题和趋势,也有明显区别。在当今社会,把握组织绩效管理的发展趋势,才能更好地实现组织绩效管理的价值。

1. 同业务和战略结合度越来越紧密

一直以来,向上承接战略目标,向下引领经营计划,都是组织绩效管理的追求目标,但这种追求和实践普遍呈现"两张皮",口号喊得响,实际工作畏首畏尾。无论是 KPI、平衡记分卡(The Balanced Score Card,BSC),出发点都是为了实现战略目标,但在实践过程中,总是不由自主地陷入绩效的"管理陷阱",为了考核而考核,为了奖惩而奖惩,为了管理而管理,完全是一种割裂式的组织绩效管理模式。这种割裂式的组织绩效管理模式,过去普遍存在于大大小小的企业中,管理和经营"两张皮"、人力和业务"两张皮"。如今,企业不再盲目追求"管理潮流",不再盲目迷信"管理权威"，企业不断完善和细化组织绩效管理体系，真正实现了组织绩效指标的价值。

现在，不论多新潮的工具，多引领的概念，多大企业的标杆实践，只要解决不了自己企业的问题，就没有价值，不会被认可。

2. 从关注结果到关注投入和过程

近年来，很多企业除了关注结果外，逐步将视角从结果侧转向了实现结果的投入和过程。也就是说，过去组织绩效考核重结果、重评价，现在组织绩效考核重日常、重运营。

过去，组织绩效管理更加关注绩效考核，关注结果的财务性指标、客户性指标和管理性指标，但考核是后评价的，即使考核配套奖惩。对于企业而言，目标始终未能实现。现在绩效考核更加关注绩效运营，从关注结果，到关注结果达成的关键控制点在哪里，这些关键控制点落实到日常任务有哪些，需要投入什么样的资源要素才能将日常任务落实到位。按业务特点和管理逻辑梳理后的绩效运营体系，将卓越绩效、精益管理的理念贯穿其中，最终能够利用绩效运营实现绩效目标。

3. 数字化手段结合度越来越紧密

组织绩效管理就是把握目标达成的关键控制点，并结合 PDCA（PDCA 循环管理）的管理逻辑。在数智化时代，人力资源管理数字化从 HR（人力资源）系统阶段逐渐走向 HR-BI（人力资源决策分析）体系阶段，融入员工入职、日常运营、学习发展、薪酬福利、绩效考核、人才管理、人才甄选等全生命周期中，实现管理决策数据化、信息获取便捷化、员工服务自助化、生产生活虚拟化、工作生活一体化、远程办公常规化等。

组织绩效管理自动化，通过绩效计划、绩效沟通、绩效考核、绩效应用的全过程数字化，可以提升整体组织绩效运营效率和精准性，实现组织绩效赋能价值。数字化组织绩效考核，采取差异化方式，一场景一策，确定考核模型和考核指标，并实现全绩效运营流程线上化。利用标准化、程序化和例行化数字模式，提升组织绩效领导力。

4. 从单模块深化到全要素发力

过去只要一谈到组织绩效管理，很多人都会陷入"考核误区"，谈到考核，就只关注个人考核，关注考核分级和末位淘汰。而现在组织绩效管理是从单模式视角深化为全要素发力，组织绩效考核变成做计划、做沟通、做考核、做赋能、做提升的全生命周期的过程管理。

当然，考核主体也正在发生着变化，从过去只关注个人考核，到员工考核、干部考核、组织考核"三位一体"，深度互联。

在考核结果应用方面，过去考核结果只关注强制分布，现在会将组织绩效向企业分类、战略定位、效能管理、干部任免、管控方式、资源预算、工资总额等模块综合考虑，配套应用，以组织绩效为引领构建起来的战略绩效运营体系，结合工资总额、管控方式等措施，配套数字化手段，最终走向"数智化绩效治理"阶段。

5. 从裁判员到教练员

从组织绩效管理到组织绩效使能，人力资源和管理者的角色从过去的裁判员变成了教练员，从过去关注目标实现度，到现在更加关注如何实现目标本身。

未来的组织绩效管理，在关注目标的同时，要更加关注如何实现目标，关注在实现目标过程中如何赋能、如何服务。

可以说，从裁判员到教练员，不仅仅是关注如何实现目标大于关注目标本身，更重要的是，HR和管理者角色转变和组织绩效领导力的提升。

6. 从控制到激活，从管控到赋能

数智时代，人才是价值创造的主体。组织绩效管理，自上而下分解目标，确定指标，过程考核，论功行赏，这是责任分解和落实的做法，沿袭了典型的控制思维。现在的绩效管理，要从控制到激活，从管控到赋能，目标与关键成果（Objectives and Key Results，OKR）就是一种激活的、赋能的绩效实现工具。透明、对齐、赋能、激活，用自上而下和自下而上相结合的方式，鼓励全员参与目标制定与实现的过程，人人创造价值，人人释放潜能，人人都是CEO。

全要素发力的绩效运营模式，对于绩效管理本身也带来了挑战，过去以绩效管理逻辑为主，未来要多方式、多渠道、多手段并重。

绩效管理的复杂程度变得越来越高，人力资源从过去发发表、打打分、分分钱到要做好绩效赋能和人才激活，只懂绩效是不够的，必须懂经营、懂战略、懂业务、懂市场、懂客户、懂人心，未来真正能做好绩效管理的人才，也许不是人力资源部门的人，是技术部门的人，是市场部门的人，甚至是咨询企业的人，因为他们的视角更全面，思维更系统，技术工具更丰富。

7. 从人力资源部的绩效管理到全员高绩效组织实现

过去绩效管理是人力资源的事情，绩效计划制订、过程沟通、绩效评价、绩效反馈与提升，人力资源是主导者，也是重要参与方。但现实中人力资源势单力薄，过去做不好绩效管理，一个重要的原因是企业其他部门的投入度不够，未来想要做好绩效管理，必须要跳出人力资源管理视角看绩效，要从人力资源的绩效管理到全体管理者的绩效赋能，再到全员的高绩效运营。

8. 从目标管理转向对标管理

同 OKR 一样，绩效管理也是一种目标管理的工具。指标在分解的过程中，从企业目标到部门目标，再到个人目标，层层分解和落实。现在，越来越多的企业在关注目标管理的同时，更加关注对标管理；同预算目标比、同历史比、同兄弟单位比、同竞争对手比、同行业标杆比，比绝对值、比贡献度、比经营质量和效率，在任何一个对比的维度里，找到差距，持续改进，持续提升。过去，结果好，就是绩效表现好；未来，高质量、持续性进步，才是绩效表现好。

第二章　实施组织绩效管理的要点

转变观念，强化全员绩效意识

随着员工知识水平的提高，员工的自我管理与自我实现意识逐步提升，仅靠带有强制性的硬性制度、流程、监督等管控手段已经无法达到应有的效果，甚至很多时候还会事倍功半，组织绩效管理体系的搭建也是如此，这时候对员工绩效文化意识的引导就成了关键。绩效文化即建立适合绩效管理体系运行的文化氛围，绩效意识即对包括企业高层、团队负责人、基层员工以及 HR 进行正确的绩效意识培养，使员工从自身所处位置的角度充分认识到什么是绩效管理。文化和意识对绩效管理的影响贯穿绩效赋能的整个过程。

可以说，每个企业的企业文化都有自己的属性，企业文化的属性一旦形成，企业所有的制度、流程、规则都是以文化的属性为导向的，也就是说企业文化的属性或内容应该成为串联企业运行所有机制的一条主线，只有做到这一点，企业所有的机制才能方向一致形成最大的合力。一个有效的绩效管理体系同样也应该遵循这一点，企业文化对绩效管理形成最直接影响的是绩效文化，一个有效的绩效管理体系更应该有合适的绩效文化作为配合，在具体表现形式上，绩效文化可以以简化的原则或者信条的形式来体现。建立有针对性的绩效文化，绩效管理的整个过程就会更容易传播和被接受，绩效管理体系就能发挥更大的价值。同时，要建立对绩效的正确认知，形成正确的绩效意识，始终贯穿于整个绩效管理体系中。此外，要让员工主动自发地认可和参与到高绩效文化的建设中来，增强全员高绩效的意识。

1. 对组织绩效的正确认知

只有员工建立对组织绩效的正确认知，才能正确执行绩效管理机制的各个流程。

（1）高层——组织绩效管理体系需要高层的支持与坚持。组织绩效管理是一把手工程，是一个长期的工作，在实际运行中面临很多不确定因素，只有不断优化，才能更好地适应企业发展。任何需要长期做的工作都需要企业最高层的支持和坚持，主要内容如表2-1所示。

表2-1 企业高层的支持和坚持

要点	说明
支持绩效管理工作的开展，做推动绩效管理工作的后盾	很多企业高层口头上支持做绩效，但在实际操作中一旦有部门提出绩效管理问题或遇到困难时就打退堂鼓，或随意给一些部门"免死金牌"，导致人力资源在推行绩效过程中阻碍重重，组织绩效管理变成走形式
不因一时看不到效果而放弃	任何变革在发生后的一段时间内都会经历一个波动曲线。一般来讲，企业变革初期由于新的工作要求会对员工的工作习惯产生影响，会让一些员工的工作效率降低，但这种降低只是一种暂时性的"假象"。面对这种假象时，高管层只有做出正确的选择，才能"拨开云雾见月明"

（2）中层、基层管理者——组织绩效管理的第一责任人。对接触广大基层员工的中基层管理者来说，组织绩效管理体系是其管理团队和达成团队目标的工具。作为组织绩效管理的第一责任人，需要具备以下3个关键意识。

①中层、基层管理者是组织绩效管理体系的主要责任人，人力资源部门只是辅助者。

②中层、基层管理者应该主动承担组织绩效管理的责任，必须比人力资源部门更主动。

③为了做好组织绩效管理工作，中层、基层管理者应主动在允许的范围内对组织绩效管理的程序或内容做些针对性的优化或细化。

（3）基层员工——组织绩效管理的第二责任人。组织绩效管理除完成目标之外，还应赋予员工完成目标的能力：一是组织绩效管理可以让员工更好地完成目标；二是组织绩效管理可以提高员工自身的能力，有助于企业长期、更好的发展。

（4）人力资源部门——提供工具、做绩效教练、监督绩效管理体系的运行、优化体系本身。组织绩效管理作为人力资源管理的一个重要管理板块需要人力资源部门发挥重要作用，做组织绩效教练来监督组织绩效管理体系的运行。在组织绩效管理体系中，人力资源部门需要具备以下5个方面的意识。

①人力资源部门不是组织绩效管理的主要责任人，只是辅助者。

②人力资源部门是组织绩效管理体系工具的提供者。从组织绩效管理体系的角度，大多数组织绩效管理工具应该是企业统一实施的，这就需要

人力资源部门站在企业角度统一提供，只有在更深层次的应用上，各管理者才能根据团队特征选择适合自己的针对性工具。

③人力资源部门是组织绩效管理体系运行的过程监督者。一个体系的运行需要遵照一定的流程才能保证整个企业的统一和各个环节的正确执行，从而提高组织绩效管理体系的效用。这也是在组织绩效管理体系运行中人力资源部门需要承担的关键责任。

④人力资源部门要做组织绩效管理中中层和基层管理者的绩效教练及绩效管理工具的提供者。人力资源部门应该教会中层和基层管理者及员工正确理解组织绩效管理体系，指导中层和基层管理者及员工正确执行组织绩效管理体系，解答中层和基层管理者及员工在执行组织绩效管理体系时遇到的问题。

⑤人力资源部门还应定期优化组织绩效管理体系本身。随着企业的不断发展，组织绩效管理体系不可能一成不变，要根据企业的发展阶段适时进行调整和变换，以便更好地为企业的发展提供支持，是人力资源部门应该承担的关键责任。

2. 企业全员上下需要树立4个意识

（1）组织绩效管理是有前提的。制定组织绩效考核管理体系，通常要弄清下列几个问题。

①组织是否有明确的组织体系和岗位职责。

②每个人是否都了解自己在组织中的位置、作用和主要工作。

③组织是否有明确的战略目标。

只有这3个问题的答案都是肯定的，才能谈得上实施组织绩效管理。

如果以上有一个不确定答案，那组织就不需要绩效管理，而是要先将企业发展壮大了再说。

（2）组织绩效管理是一个持续改善的过程。从组织绩效管理的全过程来看，在绩效计划、绩效的组织与实施、绩效评估、绩效反馈与运用等环节中，其中最主要的环节是绩效的组织与实施。因此，所谓"取消绩效考核"，并不是说取消绩效管理，而是淡化了"考核"这个环节，转而强化了绩效的组织和实施。如此看来，绩效管理不但不可弱化，恰恰相反，是要将原来"运动式"的一年一次绩效考核，变成"日常化"的天天都要做绩效实施。

（3）个人绩效不等于组织绩效的分解。任何管理的核心都是组织绩效管理。个人绩效与组织绩效之间不是部分与整体、分解与整合的关系，员工的个人绩效要和组织绩效相匹配，不仅要从财务数据上进行分解，还要规范员工的职务行为，规范工作流程，以促进员工的学习和成长。因此，仅把绩效看成财务指标的分解，或者看成利润指标分解都是不完整的，这也无法取得理想的效果。

（4）组织绩效不等于个人绩效的叠加。在企业的实际操作中，组织绩效和个人绩效多数情况下是互相冲突的，否则就不会出现损公肥私、贪污渎职等情况了。从企业来说，提高组织绩效才是根本，但组织绩效并不是个人绩效的叠加，而是引导个人行为来实现组织绩效，在完成组织绩效时，对个人的行为给予奖励和鼓励。

3.厘清一个思路

现今，关于绩效管理的工具、方法很多，但凡讲到绩效思路的时候，往往是一句"根据企业战略来制定绩效目标"一语带过。至于怎么理解企业战略，怎么结合企业战略制定绩效目标，就没人能说得清了。绩效思路是理念与落地的连接点，说它"实"，好像又没有抓手；说它"虚"，又不是"假大空"。那么，到底怎么理解从战略到绩效的连接呢？如何厘清一个思路？

（1）战略不仅要明确，更要正确。企业战略千万不能只有老板一个人知道，也不能只有企业高层知道，一定要让全体员工知道。让每个人都知道企业要往哪里去，要成为什么样的企业，自己要完成什么样的使命和任务，才能真正把团队凝聚起来。

（2）理解达成战略需要的条件。达成战略需要条件，是企业制订组织绩效计划的根本依据。随着战略本身的变化，这些依据也会发生变化。但这种变化牵一发而动全身，所以制订时应当有超前意识。

（3）根据实现战略的条件来制定任务。一般来说，多数企业的战略可以管3～5年，相应地，总目标也是3～5年的目标。当然，这个目标不是固定不变的，而要根据外部环境变化进行修订。

（4）根据总目标划定每年的工作目标。有了年度工作目标，才能制订组织绩效计划。

（5）根据部门分工，制定工作目标和任务。把这些目标和任务细化、量化，选出最关键的若干指标，编制成组织绩效管理的指标。

（6）制定各岗位的绩效管理目标和要求。确定部门的任务目标后，还要将任务下达到员工个人身上。这时候，就需要根据不同岗位的职责要求，结合部门的工作目标和任务来制定。

组织绩效管理的关键——上下级双向沟通

绩效沟通是组织绩效管理的核心,是指考核者与被考核者就组织绩效考评全过程的所有环节,包括对内容和实际操作中发现的问题展开实质性的面谈,并着力于寻求应对之策,服务于后一阶段企业与员工绩效的改善和提高。绩效沟通在整个人力资源管理中占据着相当重要的地位。组织绩效管理缺乏有效的绩效沟通,是被动坐观其成,并不是完整的组织绩效管理。那么,如何进行绩效沟通?

(1)做好绩效沟通或面谈的准备。进行绩效沟通之前,需要做哪些准备呢?

①通知下属沟通的内容、步骤和时间。要先让员工做充分准备,以便在面谈时阐述自己的想法、困惑、需要的支持等,从而在倾听过程中获取更多的核实信息。

②选择、营造一个和谐轻松的气氛。要考虑员工当天工作状态、情绪表现等,选择好时间、地点,沟通座位安排等,切忌和员工面对面正视(距离太近或太远)、你高他低(你高高在上让员工不能正常平视),这样都会给员工造成一种被审问的感觉。

③准备沟通内容和资料。了解考核初期与员工设定的工作目标;对照员工自我评价检查每项目标完成情况;从下属的同事、下属、客户、供应

商收集关于该下属工作表现情况；对于存在高分和低分的方面要收集翔实的资料、关键事件等；整理该下属的表扬信、感谢信、投诉信等资料。

（2）设定共同认可的绩效目标。通过有效绩效互动沟通，再对员工的工作结果和工作期望进行规划互动，清晰地了解期望员工做些什么，在什么样的情况和环境下履行哪些职责，让管理者与被管理者做到对绩效目标结果何为优何为劣"心中有数"。做到了"心中有数"，员工对实现目标就有了努力的方向和动力，管理者对量化考核员工也就有了双方都认可的标准。

如果忽视了沟通的作用，使双向互动沟通在这一环节缺失，形成绩效目标信息的下达而无上传的单流向，这不单影响员工对绩效目标的了解和认可，还可能造成制定的目标偏离实际、空洞、片面甚至重大失误。

（3）履行目标职责过程中不断纠偏。通过绩效沟通，员工要反馈预定的工作目标完成情况，而上级需要了解员工所遇到的障碍，才能帮助员工清除工作的障碍，提供必要的领导支持和智力帮助，并将员工的工作表现反馈给员工，包括正面的和负面的。

从绩效管理流程来看，绩效沟通是串联绩效目标管理过程的重要环节，它贯穿于整个过程。当绩效目标在实施过程中朝良性方向发展时，通过不间断的沟通与对话，上级掌握员工在目标实施过程中继续提升业绩的空间有多大，员工在后期工作中有什么样的期望和要求；通过沟通，员工能及时地反馈工作完成情况，从上级主管那里得到必要的帮助，有利于形成持续改进、不断前进的良性循环。当绩效目标在实施过程中朝恶性方向发展，偏离正确的轨道，这个时候的绩效沟通尤显重要，对企业而言，有助于降低负面影响，及时阻止损失的继续蔓延，甚至及时沟通会将对企业的负面影响和损失全面清除，重新为提升企业整体业绩起到助推作用；对员工而言，有助于员工改进方法、措施，重回正确轨道，避免成为部门或企业整体业绩提升的障碍。

（4）使考核思想深入人心，考核结果令人信服。通过绩效沟通，最终让双方达成共识与承诺，避免了在绩效考核实施过程中出现分歧，影响考核结果的认可度。通过绩效沟通，使绩效考核思想深入人心，绩效考核这一工具的使用和考核结果才能得到认可，绩效考核结果才能被广泛认同。

目前，多数企业都重视组织绩效管理，但很多企业在实际操作过程中更重视组织绩效管理中的硬性要素，如组织绩效激励制度设计更合理、绩效激励体系与薪酬体系挂钩等，而忽略了如绩效沟通等绩效管理的软性要素。

在目标实施过程中，员工可能会遇到跨部门的障碍，管理者有义务与员工随时进行沟通，解决他们在权力、技术、资源、经验的困难，确保他们在顺利完成目标的同时能获得最直接的指导、帮助和积累。管理者要告诉员工过去几个月的成绩和失误、长处和不足，指导员工朝正确的方向发展，并就上一个工作周期的工作结果达成一致的意见。

组织绩效管理大致分为绩效计划、绩效辅导、绩效评估与绩效反馈四个阶段。而组织绩效沟通存在于这4个环节当中，同时各环节的绩效沟通重点与内容也有所不同。

1. 在组织绩效计划阶段，绩效沟通是为了达成共识

组织绩效计划从企业层面开始，依据企业的战略目标形成绩效目标，

并向下分解到各部门，最终落实到员工个人。绩效沟通的内容包括以下几个方面。

（1）核心目标。企业愿景是什么，战略目标是什么，绩效目标是什么。

（2）关键任务。为了达到企业目标，什么工作是关键，具体内容有哪些，遇到哪些问题及其处理方式是什么。

（3）资源配置。下级需要上级分配哪些外部与内部资源，包括跨部门的配合、外部客户的提供、必要权力的下放等。

（4）工作计划。对各项核心工作、目标的阶段性分解，包括各时间段中工作的核心，达成的阶段性目标。

（5）激励与惩罚。针对目标完成的不同程度，设定对应的奖励与惩罚，包括奖惩的方式、方法和数量等。

在绩效计划阶段，企业将绩效沟通理解为"上传下达"，会简化绩效沟通的内涵。"上传下达"是组织绩效沟通的作用之一，企业止步于此，很可能会出现绩效标准制定过高（低）、工作计划脱离实际、员工不理解企业目标等问题。

组织绩效沟通在这一环节的核心目标是达成共识。企业的核心目的是盈利，员工的核心目的也是盈利，但企业的利益与员工的利益存在差异，依靠硬性制度、流程、监督等管控手段，无法解决这一差异，因此需要企业不断地与员工沟通、协商，实现双方的价值统一，让员工从被动接受目标转变为主动挑战目标。

2. 在绩效辅导阶段，绩效沟通是为了把控整体方向与进度绩效辅导发生在绩效的执行过程中，企业信息化和绩效管理系统的绩效沟通功能，能够提升上下级的沟通效率和质量。

这一阶段绩效沟通的目的在于把控目标整体方向与进度，主要沟通的内容包括以下几个方面。

（1）工作现状。工作整体进展情况如何？哪些方面的工作能够完成？哪些方面的工作遇到了困难？

（2）目标差距。既定的阶段性目标能否完成？若不能完成，问题出在哪里？

（3）工作纠偏。工作重心与目标需要做出哪些调整？团队努力的方向是否偏离？应采取什么纠正措施？

（4）工作支持。员工需要哪些帮助？上级能够给员工哪些帮助？

为了确保组织绩效的灵活性，这一阶段的绩效沟通应该是频繁、及时的。但很多企业认为，在绩效计划制订完善、绩效机制合理的情况下，绩效执行过程应当是顺畅、高效的。但现实情况是几乎所有企业的绩效管理都存在问题，都需要通过沟通进行绩效管控，管控绩效进度，使得企业通过管理实现效率提升。

3.在绩效评估阶段，绩效沟通是为了公平分配

绩效评估阶段，组织绩效沟通的目的是向员工传递考核公平公正的认知。主要内容包括以下几个方面。

（1）评估的导向。此次考核的导向是什么，采用此导向进行考核的目的、原因。

（2）评估的方法。使用怎样的方法进行考核，如何计分，如何排名。

（3）评估的依据。考核依据哪些制度，哪些理论。

绩效沟通是影响员工对绩效评估公平、公正性感知的重要途径，因此管理者在实施绩效评估时，要通过政策宣讲、解释和其他手段，为员工树立起组织绩效评估科学、有效、公正的信念。

4.在绩效反馈阶段，组织绩效沟通是为了提高与改善

在评估结果确认以后，需要将结果向员工进行及时反馈。主要内容包括以下几个方面。

（1）绩效评价结果的反馈。反馈员工绩效评价结果，并解释各部分评分的含义。

（2）对于良好表现的鼓励。对员工良好表现的赞赏，与对应奖励给付的说明。

（3）对于不足的分析与建议。对工作不足之处的分析，并提出改进建议。

（4）下一绩效周期的安排。对下一绩效周期员工目标的期望。

这一阶段的工作是组织绩效管理的核心，良好的绩效沟通能够为企业与员工的绩效提升奠定基础。因此，企业不仅要将绩效考核结果作为奖惩的依据，还要依据结果进行绩效分析，并通过绩效沟通实现员工的绩效提升，最终实现企业绩效的提升。

明确组织绩效管理关系

竞争永远是推动企业管理变革的原动力。在市场经济发展初期，多数企业的成长都源自消费市场的快速增长。随着竞争的日益加剧，企业的成长主要依靠高效的管理体系和制度所培育的独特竞争力。组织绩效管理作为一个必要的程序，运用在每一个组织中，如果设计得合理，组织绩效管理能使企业中每个部门的活动和每个员工的努力都有利于企业目标实现，就会成为企业战略落地不可缺少的管理工具和手段。组织绩效管理的有效性体现企业战略执行的能力，其重要性引起越来越多管理者的关注。组织绩效管理是所有管理理念和管理手段的综合，可以说，企业的管理就是企业对绩效的管理。组织绩效管理的有效性，体现在战略执行的能力上，组织绩效管理体系的建立、完善和发展，需要注意以下几个方面。

1.组织绩效管理与人力资源管理

在建立组织绩效管理制度的过程中，绩效管理与战略性人力资源管理的选、育、用、留等环节，尤其是"用"的环节，关系密切，很多企业都将组织绩效管理作为人力资源管理的重要组成部分，交由人力资源管理部门负责。但这种做法，会让组织绩效管理流于形式，还可能在部门之间、员工之间产生很多矛盾。主要原因在于，管理者将组织绩效管理等同于绩效评价。

绩效评价只是对员工工作结果的考核，是组织绩效管理的部分而不是全部。组织绩效管理是企业将战略转化为行动的过程，是战略管理的重要构成要素，其目标是基于企业的发展战略，通过员工与主管的沟通，明确他们的工作任务和绩效目标，影响员工的行为，从而实现企业的目标，并使员工得到发展。

从严格意义上讲，企业的人力资源管理部门，跟其他职能部门一样，主要工作是为业务部门运营效率的提高而提供支持和服务，是企业人力资源管理政策的管理者。显然，组织绩效管理的功能超出了人力资源管理部门的职能范围，其真正的责任人应当是企业管理者及各级管理者。在组织绩效管理过程中，人力资源管理部门承担着横向的组织和协调工作。

2. 组织绩效管理的考核办法

组织绩效管理体系中考核方法的选择，是一个关键而敏感的问题。一些成熟的企业已经形成了良好的绩效考评文化，比如纵向考评、横向考评、360度考评、自我考评等方法。但企业机械地套用上述办法，很容易使考核过程变成考核者与被考核者的博弈游戏或填表游戏，并不能真正发挥提高组织绩效的作用，还可能使员工与主管之间产生矛盾，影响工作热情。因此，设计组织绩效考核办法，应综合考虑企业文化、管理者素质等因素，保证员工充分参与，并纳入组织绩效沟通的过程中。当员工在沟通中感受到组织绩效管理不是与自己作对，而是齐心协力提高工作业绩，就能减少戒备心。同时，员工认可考核办法，考核就能在融洽、和谐的气氛中进行。

3. 组织绩效管理与激励体系

组织绩效管理体系要想发挥作用，必须借助激励体系的支持。但是，组织绩效仅与工资和奖金挂钩，会使员工认为实行组织绩效管理就是涨工资或减工资。需要将激励手段多样化，比如促进员工能力的发展，让他们承担更多的工作责任、获得职位提升、获得公开精神奖励等。还可随着资本市场的成熟和规范，通过使用股票期权等方式进行激励。

为了保持并发展企业的竞争力，对绩效低下的员工进行管理更重要。比如，GE（通用电气）实行严格的 ABC 管理法（Activity Based Classification，ABC，又称巴雷托分析法、主次因分析法），规定 10% 的员工为 C 类，会被降职或淘汰。此外，有些企业则采用末位淘汰制。这些做法都是竞争残酷性在企业内部的反映，管理者必须正视绩效不良团队的管理问题，使组织绩效管理制度真正地运作起来。

4. 制度化与经理人的责任

很多管理者对组织绩效管理制度有一种不现实的期望，希望通过指标体系的设计，将所有的工作过程和任务进行量化，以此减少管理者在考核过程中的主观因素，达到绩效考核的公正和公平。组织绩效管理的指标体系很难实现全部的量化，例如，销售人员虽然可以直接用销售额去衡量其业绩，但考虑到企业的长期战略目标，对销售人员开发新客户的能力，与客户沟通的效果、服务客户的态度及水平的定性评价等也很重要。

又如，对于依靠知识、经验及技能从事创造性工作的员工，如研发人员，定性评价可能比定量考核更重要。因此，要想设计一个良好的绩效管理制度，就要将定量考核与定性评价有机结合起来。而管理者应当承担起组织绩效管理的责任，对员工的绩效做出客观公正、定性与定量相结合的评价。

5. 组织绩效管理与管理信息系统

组织绩效管理体系对企业的管理信息系统有较强的依赖性，比如，按照平衡计分法的绩效管理模型建立的指标体系，需要处理大量的财务、运作流程和市场数据，并使信息在企业内部快速流动，才能使组织绩效指标反映出企业的经营状况，提高组织绩效反馈和调整的效率，缩短企业响应市场变化的时间。

不过，企业仍然可以借鉴平衡计分法的管理思想，根据企业的发展战略，确定关键的业务环节进行绩效控制，建立相应的信息系统，使组织绩效管理与信息系统相辅相成，逐步得到发展和完善。

完善组织绩效管理体系

要想完善组织绩效管理体系，需要从以下几个方面入手。

1. 搭建组织绩效管理系统

（1）做哪些事情。作为企业，首先要明确企业需要做哪些事情。从长远角度来说，就是战略或策略制定；从短期来说，就是具体的任务和事项。在企业经营和业务层面要梳理清楚，做完这些工作需要得到什么结果、达到什么目标，否则组织绩效管理作用就不能发挥。因为组织绩效管理是个控制执行系统，不确定的经营策略和事情，需要完善大脑而不是绩效管理。

（2）靠谁去做。当经营策略和关键事项相对清晰后，就要把这些事情落实到相应的部门，并落实到项目团队和个人。落实的依据主要看该部门对这个事项的能力、职责和人员配备，形成目标任务分解。

（3）怎么评价。评价体系不好，秋后算账不清晰，就会有人钻空子，最直接后果是：会投机取巧的占便宜，老实干活的吃亏。这样，就会给企业造成一个不良导向：干得好不如说得好，做事的不如会讨好的。因此，企业要不断提高组织绩效管理的技术水平。

2.完善组织绩效管理体系

组织绩效管理体系该如何有针对性地进行完善呢？

（1）先引进后改造。企业人员规模达到几百人时，通常都已经建立健全了组织结构，划分了部门、职位和等级，相对地，各职位的分工也已经细化到专业程度，具备了薪酬绩效体系建设的基础。虽然各岗位人员数量还需要在发展中逐步增加，但整体管理体系已经初具规模，可以借鉴同行业或相近行业大型企业的成熟经验。因此，在组织绩效体系建设上，不一定需要从头自行建设，可以一次性地使用咨询企业或引进有经验人力资源管理者，引进一套成熟的组织绩效管理体系。之后，结合企业的实际情况，进行个性化改造，既可以避免在建设中重复走弯路，又能适应企业的个性化发展。

（2）绩效体系细化。引进成熟的组织绩效管理体系后，就要进行组织绩效管理体系的细化、落地工作，主要内容如表2-2所示。

表2-2　绩效体系细化的主要内容

内容	说明
针对不同岗位系列细化组织绩效管理	根据组织结构及人员配置情况,将企业的岗位划分为管理系列、销售系列、技术系列、生产系列和职能系列五大系列。这些岗位系列中,各系列岗位都有其岗位特性,可以制定不同的绩效管理办法,对整个绩效管理体系进行细化
根据不同绩效考核的周期细化组织绩效管理	绩效考核有不同的周期,一般分为月度、季度、半年、年度、3年等不同的考核周期。企业在绩效管理体系的建设中,可以从绩效考核周期这个角度来对绩效管理进行细化,开发出适用于企业发展、不同周期的绩效管理办法。考核周期可以结合考核岗位不同而选取,在每类岗位绩效考核体系搭建时,同时考虑选择合适的考核周期
根据不同用途进行绩效管理的细化	在人力资源管理中,组织绩效考核需要适应不同的需求,比较常见的有发薪、转正、调薪、评优、升迁等,针对不同的用途对于组织绩效管理办法进行细化,保证绩效管理体系的有效性。不同用途的绩效考核模式,可以结合不同岗位设计,也可以从通用角度统一设计,例如,转正考核办法、评优评估办法等

（3）发展中再完善。企业的绩效管理体系面临着很多竞争,急切需要快速发展、做大做强,所以在引进成熟的绩效管理体系并进行改造、细化后,绩效管理体系还需要随着企业发展的过程而不断提升与完善。

总之,组织绩效管理体系的建设是一个持续、不断改进的过程,不可能一蹴而就。在完善的过程中,除了不断地从不同维度对现有绩效管理体系进行深入细化,还可以引入新的绩效管理体系,将新的绩效管理体系与原有绩效管理体系进行整合。

遵循组织绩效管理的原则

组织绩效考核指标设计是企业推行绩效管理的关键所在，之所以有不少企业实施绩效管理失败，多数原因是绩效指标选取不合理，绩效考核的指挥棒发生了方向性错误。

关键绩效指标是衡量企业关键结果领域的核心指标，是衡量工作是否做好的关键点。随着企业的不断发展，组织绩效管理也逐步进入各企业，成为评估考核员工的普遍方式。在组织绩效管理中，需要遵循以下几点原则导向。

1. 权责一致原则

各项绩效考核指标的主要作用，在于监控和考核相关的业务流程和每项业务流程所对应的工作岗位。

组织绩效考核实施的前提是，解决企业战略清晰化、部门职能规范化、岗位责任细致化、业务流程合理化等基础管理问题。所以，组织绩效考核首先要求明确考核对象，界定考核对象承担的责任和赋予的权利，明晰管理层次的关系，减少部门摩擦，降低对立情绪，提高企业整体运行效率。科学的管理制度和细致的岗位描述是组织绩效管理的基础。

2. 量化考核原则

组织绩效考核是指通过系统量化的方法，对组织在工作过程中做出的业绩、工作数量、工作质量以及工作能力、工作态度进行公正评价。

组织绩效考核，往往是单一的上级对下属进行审查或考评，考评者作为组织的直接领导，与员工的私人关系或个人喜好等方面的因素，会在很大程度上影响组织绩效考评结果。同时，相关信息的缺失，会让考评者难以给出令人信服的考评意见，甚至引发上下级关系的紧张和矛盾。因此，只有量化了的指标才具有操作价值。

在设置绩效指标时，对企业层面的关键业绩指标、部门层面的考核指标和业务层面的日常管理指标，要尽量做到指标量化。能用财务性指标量化的，尽量用财务性指标量化；不能用财务性指标量化的，尽可能地描述每种绩效表现和对应的奖惩幅度，使考评者准确把握组织绩效标准，公正地对被考核者做出评价。

3. 兼顾公平原则

要合理设置考核权重，处理好集体与个人绩效的关系。避免出现以下理解偏差。

（1）个人绩效突出，但部门绩效不佳，受到牵连，导致个人考评结果不理想，极大地损害了员工的工作热情。

（2）员工绩效极差，但部门绩效较好，考评结果优异，员工心存侥幸，认为即使依赖他人努力同样可以获得较高的得分，不利于改进员工的工作绩效。因此，在组织绩效考核过程中，要结合部门和员工实际职责内容，制定和落实"30/70原则"。即在中、高层管理者考核得分中，个人工作业绩权重为70%，企业关键业绩权重为30%；在员工考核得分中，部门业绩权重为30%，个人业绩权重为70%。合理设置权重，达到拉开差距、激励先进、鞭策后进、兼顾公平的绩效考核目的。

4.有效沟通原则

沟通是组织绩效管理的关键,在组织绩效管理的每个环节都发挥着重要作用。离开了沟通,企业的绩效管理就会流于形式。管理者不仅要对员工工作最终结果进行考核,以此作为奖惩的依据,还必须从思想认识、沟通技巧、绩效管理全过程跟踪三个方面着手,从绩效计划环节中合理分解指标、分配任务,到绩效实施过程中的辅导支持、管理培训,再到绩效周期结束后的纠偏分析、适时激励,把握绩效沟通过程的关键,从而做一个有效沟通的管理者。

5.全员参与原则

全员参与绩效管理是提升管理执行力的关键,从企业高层到每位员工都是不可推卸的责任。

(1)高层领导的参与。组织绩效管理是企业管理行为,是企业追求效率最优化和效益最大化的管理系统,因此,组织绩效管理必然是"一把手工程"。只有企业高管团队亲自参与,下决心并全力支持绩效管理,才可能把企业战略目标逐级分解下去,将组织绩效管理的理念和方法渗透到企业的各个角落,推动中层管理者和员工参与绩效管理。

(2)中层管理者的参与。组织绩效管理不仅是管理部门的责任,在绩效管理实施中,企业管理部门主要扮演流程制定、工作表格提供和咨询顾问的角色。真正的责任主体应该是执行层管理者——部门经理、行政主管,在组织绩效管理中应花费更多的精力和时间,与下属讨论绩效目标和标准,进行检查,掌握下属的工作业绩,对下属进行反馈和辅导,评定下属的绩效结果，给予奖励和惩罚。

（3）基层员工的参与。让员工的绩效与企业生产经营业绩紧密关联，使人人肩上都有担子，事事有目标，人人有事做，决定着组织绩效管理的成功与否。

6. 注重实效原则

持续的管理改进是组织绩效管理的根本意义。组织绩效管理就是通过绩效计划、绩效实施、绩效考核和绩效反馈四个阶段的循环操作，实现组织目标和员工发展的动态管理过程。

在组织绩效管理实践操作中，是注重短期结果导向，还是注重长期过程改进，取决于以下两个因素。

（1）设定合理的考核周期。考核周期设计过长，会导致过程监控不力，变成事后诸葛亮。对很多企业来说，采用月度考核、季度小结、年度总评等考核方式，能够更好地兼顾短期（月度、季度）的管理改进和长期（年度）的业绩提升。

（2）考核结果的运用。组织绩效管理必须与员工薪酬挂钩。企业通常都将员工薪酬分为岗位工资和绩效工资，考核权重各占50%，既保证了基本收入，也合理拉开了考核差距，达到奖优罚劣、激励先进的目标。同时，考核结果又要与员工学习成长和职业发展相互关联，通过绩效测评，疏通员工职业发展渠道，使员工更多地关注企业发展、个人绩效和学习成长，营造和谐发展的文化氛围。

第三章　组织绩效管理的典型模式

"德能勤绩"式

"德能勤绩"式的考核具有悠久的历史，一度被国有企业和事业单位在年终考评中普遍采用，目前仍有不少企业沿用这种思路。

"德能勤绩"式具备的特点是：很多企业是初始尝试绩效管理，将绩效管理的关键放在绩效考核上；没有部门考核的概念，对部门负责人的考核等同对部门的考核，没有明确区分部门考核与部门负责人考核；考核内容更像是对工作要求的说明，内容源于企业倡导的价值观、规章制度、岗位职责等；绩效考核指标比较简单粗放，多数考核指标可以适用同一级别岗位甚至适用所有岗位，缺少关键业绩考核指标。

刚刚起步发展的企业，基础管理水平一般都不太高，绩效管理工作没有太多经验，在这种情况下，"德能勤绩"式绩效管理发挥着积极作用，比如，可以提高基础工作的管理水平，增强员工责任意识，督促员工完成岗位工作等。但这种管理方式简单粗放，对组织和个人绩效提升作用有限，虽然表面上看来易于操作，但绩效考核过程随意性很大。企业发展后，随着基础管理水平的逐渐提高，企业绩效管理就会对精细性、科学性提出更高的要求，就不能使用"德能勤绩"式绩效管理了。

这种绩效考核方式的内容涉及德、能、勤、绩四个方面。

1. 德

我们评论一个人好坏时，首先看的是他的道德素养。道德本质差的人，他们自私、自利、心肠歹毒、阴险、夸夸其谈、虚伪、假话连篇……这样的人无论如何都不会做出有正能量的事情，是组织的"坏苹果"，会将组织带入万劫不复的深渊。

"德"指的是员工在思想品德、遵纪守法、职业道德等各方面的情况。不同的行业有不同的评价标准，但每个行业都应该将"德"作为组织绩效考核的一个重要标准。

（1）品格考核。主要内容包括：能实事求是地发表自己的看法、表明态度、不隐瞒任何事实，能否定自己的不妥想法或承认自己的错误；一旦做出承诺，便全力以赴，即使自己有利益牺牲，也绝不失信于人；自己不以任何借口损害企业信誉，不允许任何人以任何借口损害企业信誉，一旦违反，坚决制止并予以报告；不以小团体或个人利益为出发点与企业或部门或个人斤斤计较；不利用职务公报私仇，不发难他人，不会给工作造成不畅或失误；不袒护与自己有亲近关系的人，以工作为出发点，企业利益与发展高于一切。

（2）职业道德考核。主要内容包括：在与工作有关的事务上，保持应有的操守，遵从企业有关规定，遵守保密规定；爱岗敬业，办事公道，以身作则；在工作中，恪守职责范围内的商业秘密守则等职业道德。

（3）精神文明考核。主要内容包括：文明办公，文明服务；礼貌待人，仪容整洁，办公环境整洁；不断进取，不断向自己提出高标准的目标。

2. 能

工作能力是考核员工在工作中发挥出来的能力，考核员工在工作过程中显示出来的能力，根据标准或要求，确定他能力发挥得如何。

工作能力考核需要根据岗位不同而不同。

（1）领导力。主要内容如表3-1所示。

表3-1 领导力的主要内容

内容	说明
影响力	在团队中有影响力，提议能够获得支持和信任，具有说服力
主动性积极性	无论是不是真正的团队领袖，都积极主动地表现出自己的领导愿望，并通过自己的行动推动团队向前发展
果断性	能迅速做出决定，并对结果负责，相信自我的判断力，积极采取行动
建立关系	建立融洽的工作关系和内外部广泛的联系，平易近人，理解他人的观点

（2）专业的计划分析能力。能对信息资料做出正确评价，从不同的资料中整理出数据，找出主要问题，分析发展趋势，做出合理决定；制订明确目标和计划，优化组织资源，监督进度直到完成任务。

（3）解决问题的能力——执行力。从现实中剥离问题，并用排序法罗列出主要问题；问题解决的过程，就是体现执行力强弱的过程，执行力的强弱直接决定着问题解决的效率和结果。

3. 勤

"勤"是员工的工作态度，要考察员工在其工作岗位上是否勤奋敬业、遵守纪律、积极主动等内容。

（1）纪律性考核。比如，是否很好地遵守上下班时间、休息时间？服装、打扮是否整齐清洁？是否使用了正确的语言？是否讲文明礼貌？是否遵守了工作场所的规章制度和习惯？是否遵守了上级的指导和命令？是否遵守了有关业务运营的规章制度和手续，履行了职责？按照企业的方针、部门的方针，采取管理行动了吗？

（2）协作性考核。比如，主动帮助工作场所的其他人进行工作了吗？和一起工作的同事能密切配合开展工作吗？行动时，考虑到与其他部门的协调关系吗？与其他部门交换过适合时宜的情报或意见吗？主动参与部门或与其他部门的共同作业了吗？从更广泛的观点考虑企业整体的效益，该让步的地方让步了吗？与其他部门保持密切的联系和良好的关系了吗？

（3）积极性考核。比如，是否想方设法改进工作？对困难的工作，麻烦的工作，是否会主动抓？注意到的事情、收集到的情报等，主动向上司汇报了吗？即使没有指示，也能主动搞好工作吗？是否主动设定困难的营业计划、业务计划，并努力去实现？对一贯的工作方式和程序提出疑问，进行改善了吗？为了提高自己的专业知识、技能，有计划地进行自我启发了吗？

（4）责任性考核。比如，确实遵守与客户、企业内外有关方面的约定了吗？是否一直坚持到把工作干完？即使有困难，也努力去完成部门的目标和业务计划吗？对自己及下级的行动结果，担起责任了吗？对自己应该做的决定，不失时机地做了吗？

4. 绩

"绩"也就是员工的业绩，可以综合反映员工的工作能力和工作态度，考察员工的工作成果和工作效率。

绩效考核运行流程如下（举例）。

每月（季）5日前，各部门绩效干事汇总上月（季）本部门的考核数据，经部门负责人确认，并提交其他相关部门。

每月（季）10日前，人力资源部门审核各部门提供的考核数据，并计算出各部门绩效数据与得分。

每月（季）12日前，部门负责人确认各部门绩效数据，之后提供给各部门绩效专员，核算职员考核数据。

每月（季）13～20日，各部门负责人对本部门各岗位人员进行考核得分的评定与计算，部门绩效专员对得分（等级）进行复核。保证得分（等级）无误后，部门负责人对下属进行绩效面谈，并双方签字确认。

每月（季）21日，各部门将双方签字确认后的绩效考核评估表，交与人力资源部门复核备档。

每月（季）22～25日，人力资源部门对各部门考核表进行稽核（抽查），稽核出问题，在27日前完成修改。

每月（季）28日，公布本月各（季）部门考核指标结果，并在绩效公布栏中张贴。

"检查评比"式

在目前国内的绩效管理实践中,"检查评比"式比较常见。采用这种绩效管理模式的企业,基础管理水平一般都相对较高,企业领导对绩效管理工作比较重视,对绩效管理已经进行了初步的探索和实践,并积累了一些经验和教训,但对绩效管理的认识在某些方面还存在问题,不能充分发挥绩效管理的激励作用,无法实现绩效管理战略的导向作用。

"检查评比"式的典型特征是:按岗位职责和工作流程详细列出工作要求及标准,考核项目众多,单项指标所占权重很小;评价标准多为扣分项,有加分项很少;考核项目众多,除个别定量指标,多数考核指标信息来自抽查检查;企业组成考察组,对下属部门进行监督检查,不能体现对关键业绩方面的考核。

这种绩效考核方式,通过定期或不定期的检查考核,员工会感受到压力,就会尽力按照企业的要求去做,提高业务能力和管理水平。但这种考核模式有两个重大缺陷:(1)绩效考核结果没有效度,考核结果好的不一定就是对组织贡献最大的,绩效水平低的不一定考核结果差,制约了公平目标和激励作用的实现;(2)考核项目众多,缺乏重点,实现不了绩效管理的导向作用,员工感到没有发展目标和方向,缺乏成就感。

考核没有效度、不能实现战略导向作用的原因基本上有以下几个。

（1）考核项目众多，员工感觉不到组织的发展方向和期望的行为是什么；同时，每项指标所占权重很小，即使很重要的指标，员工也不会太在意。

（2）考核操作实施过程中，抽查检查是普遍采用的方式。对于抽查检查中发现的问题，被考核者往往不会从工作中找原因，只会认为自己倒霉，并认为别人考核成绩好是因为他们运气好、问题没被发现，因此他们不会打心底接受这样的考核结果。

（3）考核者对被考核者工作的认识和理解存在偏差，让绩效考核出现"无意识误差"；另外，考核者不是被考核者的直接上级，不必对被考核者业绩负责，绩效考核太随意，绩效考核出现"有意识误差"。这两种情况都会让被考核者对绩效考核者的公平公正性产生怀疑。

"共同参与"式

在绩效管理实践中，"共同参与"式绩效管理也是比较常见的一种，采用"共同参与"式的组织显著特征是崇尚团队精神、企业变革动力不足、企业领导从稳定发展角度看问题，不愿冒太大风险。

"共同参与"式绩效管理有3个显著特征。

（1）绩效考核指标比较宽泛，缺少定量硬性指标，给考核者留出很大余地。

（2）崇尚360度考核。通过上级、下级、平级和自我评价来面面俱到地进行评价，且自我评价占有较大的权重。

（3）绩效考核结果与薪酬发放联系不紧密，薪酬的激励作用有限，绩效考核工作受到大家的极力抵制。

"共同参与"式绩效管理，虽然可以提高工作质量，有利于团队精神的养成，也可以维系组织稳定的协作关系，约束个人的不良行为，督促个人完成各自任务，利于团队整体工作的完成。但这种绩效管理有其适用范围，采用不当，会带来严重的负面效果，主要表现在以下几个方面。

（1）多数考核指标不需要太多的考核信息，被考核者根据自己的印象就能打分，考核随意性较大，人情分现象严重，容易出现"有意识的误差"和"无意识的误差"。

（2）自我评价占有太大分量，如果涉及个人利益关系，个人对自己的评价不可能公正客观，"实在"人很容易"吃亏"。

（3）这种评价与薪酬联系不太紧密，薪酬的激励作用有限。

（4）表面和谐氛围，实则是对创新能力的扼杀，对创新要求高的组织非常致命。最终的结果是，最有思想、最有潜力的员工要么被迫离开组织，要么被组织同化不再有创造力。

"自我管理"式

"自我管理"式是目前世界一流企业推崇的管理方式，这种管理理念的基础是对人性的假设坚持"Y"理论：员工视工作如休息、娱乐一般自然；一旦员工对某些工作做出承诺，就会进行自我指导和自我控制，以便完成任务；个人不仅能承担责任，还会主动寻求承担责任；多数人都能做出正确决策，并不是管理者的特权。

"自我管理"式显著特征是：通过制定激励性的目标，让员工为目标的达成负责；上级赋予下属足够的权力，也很少干预下属的工作；很少进行过程控制考核，大都注重最终结果；崇尚"能者多劳"，重视对人的激励作用，绩效考核结果除了与薪酬挂钩，还决定着与员工岗位升迁或降职。

"自我管理"式绩效管理激励效应较强，能充分调动人的主动积极性，激发员工尽最大努力去完成目标，提高企业效益，但这种模式需要注意适用条件。如果不具备适用条件，可能会发生严重的问题和后果，不能保证个人目标和组织目标的实现。

概括起来，"自我管理"式绩效管理有以下特点。

（1）"自我管理"推崇的是"Y"理论人性假设，如果缺乏有效监督检查，就不能期望员工通过自我管理来实现个人目标。因为有的员工自制能力差，不能有效约束自己，不实行严格管理，将不能达成其个人目标。

（2）"自我管理"式绩效管理缺乏过程控制环节，不能及时监控目标达成情况，不能及时发现隐患和危险，等发现问题时可能为时已晚，将给组织带来较大损失。

（3）绩效辅导实施环节比较薄弱，上级不能及时对被考核者进行绩效辅导，也不能给予下属资源支持，绩效管理提升空间有限。

（4）被考核者有着严重的小集体意识，不能站在企业全局角度看问题，绩效目标与组织目标往往不一致，不能保证企业战略发展目标的实现。

第四章 搭建组织绩效管理构架

组织绩效的界定：行为和结果

所谓绩效，"绩"是指业绩，员工的工作结果；"效"是指效率，员工的工作过程表现。绩效的含义非常丰富，在不同情况下，"绩效"有不同的含义。

1. 管理学视角

从管理学角度看，绩效是组织期望的结果，是组织为实现其目标而展现在不同层面上的有效输出，它包括个人绩效和组织绩效两个方面。

组织绩效是建立在个人绩效实现的基础上，但个人绩效的实现并不一定保证组织是有绩效的。如果组织绩效被层层分解到每个工作岗位和每个人，只要每个人都达成了组织的要求，组织的绩效就实现了。但是，组织战略的失误，可能会让个人绩效的目标偏离组织的绩效目标，从而导致组织的失败。

2. 经济学视角

从经济学角度看，绩效与薪酬是员工和组织之间的对等承诺关系，绩效是员工对组织的承诺，而薪酬是组织对员工所做出的承诺。个人进入组织，必须对组织要求的绩效做出承诺，这是进入组织的前提。当员工完成了他对组织的承诺的时候，组织就实现其对员工的承诺。这种对等承诺关系的本质，体现了等价交换的原则，而该原则正是市场经济运行的基本规则。

3.社会学视角

从社会学角度看，绩效意味着社会成员按照社会分工所确定的角色承担自己的那一份职责。他的生存权利是由其他人的绩效保证的，同时他的绩效又保障其他人的生存权利。因此，出色地完成自己的绩效也是他作为社会一员的义务。

绩效的三种观点：

（1）绩效是"结果"。秉承"绩效是结果"观点的人认为，绩效是工作达到的结果，是个人工作成绩的记录。用来表示绩效结果的相关概念有职责、关键结果领域、结果、责任、任务及事务、目的、目标、生产量、关键成功因素等。对绩效结果的不同界定，可用来表示不同类型或水平的工作的要求。这一点，在设定绩效目标时应注意加以区分。

（2）绩效是"行为"。随着人们对绩效问题研究的不断深入，对绩效是结果的观点不断提出挑战，普遍接受了绩效的行为观点，即"绩效是行为"。支持这个观点的主要依据是：许多工作结果不一定是个体行为所致，可能受到与工作无关因素的影响；员工没有平等地完成工作的机会，工作表现也不一定都与工作任务有关；过分关注结果，就会忽视重要的行为过程，缺乏对过程控制，导致工作成果的不可靠性；不适当地强调结果，可能会在工作要求上误导员工。

（3）绩效是"潜能"。说的是高绩效与员工素质的关系。随着知识经济的到来，知识性工作和知识型员工给组织绩效管理带来新的挑战，需要准确有效地评价和管理知识型员工的绩效。因为对绩效的研究，不能只关注于对过去的结果或行为的反应，更要关注员工的潜在能力，重视素质与高绩效之间的关系。

可见，绩效体现了员工对组织的贡献和价值。绩效是表现出来的工作行为和工作结果，没有表现出来的行为和结果不是绩效，不能被评价的行为和结果也不属于绩效。

高绩效团队的特质

高质量人才很重要，高绩效团队更重要。那么，高绩效团队具有哪些特质呢？

1. 团队愿景

任何杰出的团队都需要一个明确的目标，这个目标可以称之为使命、愿景、战略、里程碑。好的愿景通常会满足以下几个标准：渴望超越现状；有可衡量的产出；激励点燃团队成员；以客户为中心，以团队为承载，以价值为导向。

领导者不仅要跟成员一起打造团队目标，所有人都了解目标如何产生，真正对目标有承诺；还要用各种方式来宣传愿景，包括文字、图画、消息和行动，让成员和客户感受到愿景不是冷冰冰的文字，而是栩栩如生的人与事。

2. 运作机制

运作机制，就是团队在运作中的3大要素，即角色、决策和支持。

（1）角色。团队角色需要包括技术专家、客户专家和组织专家等角色。技术专家需要提供专业知识，执行团队工作。客户专家要洞察客户需求，理解客户知识。组织专家要承担协调工作，设置里程碑，组织团队日常。这三种角色，会让团队产生多种创意与构想。

（2）决策。团队功能是通过决策来实现的。成功的决策可以增强团队表现，包括任务清晰度、责任归属、决策时机、决策流程、跟进机制和团队收获。

（3）支持。支持系统要关注资金支持、会议机制、行政保障等，提升成员进行协作任务时的便利性。当领导者关注这些运作机制时，团队合作会更加顺畅。

3. 团队关系

创造积极的团队关系有两个维度：关心和冲突。

（1）关心。团队中，有两个特征可以衡量关心。当他们开始主动且愿意改变时，主动意味着人们有相互融合的想法，比如相互问候，关心非工作性质的个人事宜，尊重个人差异，倾听他人，尊重优秀工作，建立信任，聊个人家常，尊重差异，坦率地倾听，欣赏优秀工作。只要做出改变，成员之间就能看到瑕疵，坦诚表达歉意，让负面情绪消散，让不同背景的人一起同心协力工作。

（2）冲突。团队之所以成功，是因为持不同观点的人为了共同的利益走到一起，意见不同却没有矛盾，争论而不争吵，辩论而不贬低，这些都是健康的团队关系。而健康的团队氛围，大家只会面对问题而不是逃避问题，相互提供诚实和直接的反馈，并为团队目标牺牲个人利益。

4. 学习成长

任何团队都会有顺利和不顺利的事；会有高光的表现，也会做一些无效的事情。为了让团队成长和进步，就需要不断学习，这意味着要做好以下几方面工作。

（1）花时间来反思与评估。团队要投入时间来思考"我们这件事做得怎么样？"或者回顾"我们过去3个月是怎么做的？"以及"哪些做得对，哪些做得不对？"为下一个阶段的计划做好准备。

（2）锚定常犯的错误。例如，团队在做决策时太迟钝，就可以利用外部不同视角的意见，帮助团队更好地意识到犯错模式。

（3）培养成长思维而不是抱怨思维。要承认错误，不被失败情绪所消耗；正视损失，聚焦未来，而不是过去。

学习能力强的团队，可以用一种自主提升的模式，不断重塑团队工作。领导者要理解高绩效团队的这些特质，以身作则，授权开放，需要用系统的视角来观察。

组织绩效管理构架的衡量方法

有处于同等智力水平的两名员工，承担的工作类似，对工作都保持了同样的热情，绩效却相差悬殊。具体原因可以从两方面来分析：高绩效员工的上级十分优秀，能为下属分派合适的任务并给予正确的指导；高绩效员工的工作方法比较得当，多数行为都对高绩效做出贡献。可见，衡量绩效时，组织不能依赖一种方法；否则，会对员工做出不公正评价。

常用的衡量绩效的方法有如下3种。

1. 特征法

所谓特征法就是组织侧重于对员工相对稳定的特征做出评价，如员工的个性、性格、认知能力等。有些组织在实施绩效衡量时，会对员工的能力和人格特征做出评价，是因为该组织认为，员工的这些行为与工作具有正相关关系。

不过，运用特征法衡量员工的绩效时，会出现一些负面影响，不利于员工改进自己的绩效，因为个性特征是员工相对比较稳定的素质，很难做出改变，即使要成功改变，也要经历一个漫长的时期。如此，员工就会悲观地认为，不论自己如何改进自己的绩效，也很难梦想成真，继而就会对组织的绩效衡量方法失去信心，从而我行我素。

此外，员工的个性特征以及既定的知识结构对于高绩效的贡献并不是很大。也就是说，聪明的员工不可能是高绩效员工。比如，因嫉妒某位员工的才华而不提供有效合作、员工恃才傲物对工作漫不经心等，即使是聪明的员工，职场表现也稀松平常，业绩甚至还不如智商一般的员工。

2. 行为法

行为法主要侧重于衡量员工如何完成工作，不考虑个人特征和他们的行为所产生的结果。一般而言，在衡量绩效方面，行为法适用于以下几种情况。

（1）行为与结果的关系为弱相关。员工的行为与其工作结果关联并不大，即使员工采取了正确的工作方法，在完成工作的过程中也很努力，但仍然无法实现组织制定的工作目标。比如产品销售淡季时，销售人员虽然积极开发客户，但销售额仍然不尽如人意，此时就适宜采用行为法衡量员工绩效。

（2）需要经过较长周期，工作结果才会体现出来。比如技术研发人员开发了一款新产品，这款产品的市场认可度如何，在短时间内很难获知确切结果。

（3）对导致绩效不佳的原因，员工无法控制。员工无法对工作结果实施控制，通过行为法衡量绩效，才会显得更加公平合理。

3.结果法

结果法只关注工作结果，而不关心员工在实现结果过程中采取的行为。与其他两种方法相比，结果法更加节省成本，收集到的数据更加客观、更有说服性。

结果法的适用情况有以下几种。

（1）员工确切知道为了达到组织对自己的期望应该采取哪些行为。

（2）行为和结果之间存在明显的联系。

（3）员工可采用多种方式完成工作。

由于结果法依赖的是客观的、可以量化的绩效目标，有利于规避主观性对绩效考核的不利影响，因此容易被组织和员工接受。此外，结果法还有一个显著优势，即可以将员工的绩效与企业战略目标紧密联系在一起。

组织绩效管理构架的有效分析

组织绩效管理构架的有效分析涉及以下几点。

1. 绩效管理的体系框架

绩效管理共分为三个层面：企业战略、组织绩效和个人绩效。

企业战略是企业的发展方向、要实现的长远目标和价值。

组织绩效是企业、子企业、分企业和部门的绩效目标，是根据企业战略确定的主要绩效目标，是衡量组织业绩表现的标准。

个人目标则是根据组织目标分解到每个岗位和每个员工身上的工作目标。

通常，绩效目标确定的次序是从上至下，根据企业战略确定组织绩效，根据组织绩效确定个人绩效目标，确保将企业的目标传递到每个人身上，每个个体达成目标，就能确保组织绩效目标的达成。

2. 绩效管理谁来做

企业战略由企业高层确定，一般由董事会、CEO和高管层决定，或由高管层组成的战略决策委员会确定。

组织绩效一般由一个部门牵头协调各部门，根据企业战略制定。一般由企划部、财务部等管理部门协调制定，或由企业高层和各部门负责人组织的绩效管理委员会确定，还可以由人力资源部门牵头协调完成。

个人绩效一般由人力资源部门牵头，各部门配合执行完成。人力资源部门负责个人绩效制定的规则和宣导培训，各部门负责具体实施。

3.绩效管理能解决什么问题、不能解决什么问题

企业战略可以解决企业往哪里去的问题，组织绩效和个人绩效解决的是怎么去的问题。

组织绩效往往应用于对组织的评价，比如，评价子企业、分企业、部门的表现优劣，可以确定组织的奖金池大小。

个人绩效应用于个人的工作评价，结果作为员工晋升、调薪、工作调动的依据。

绩效管理能够解决企业目标分解落实，促进目标达成的问题。但绩效管理本身不能解决企业战略方向制定的问题，不能解决如何发展业务的问题。

4.绩效管理与绩效考核的区别

绩效考核只是绩效管理的一个环节。绩效管理是通过计划制订、追踪、评估、辅导帮助组织和个人实现目标，可以帮助个人提高达成目标的能力，推动目标达成和员工能力的提升。绩效考核主要是评估，对组织和个人进行评价，评价本身并不能解决业务发展的问题。

推行组织绩效管理构架

绩效管理是企业人力资源管理较重要的一个环节，管理得好，可以促进企业和个人绩效的提升，并带动其他员工共同进步。但是，企业建

立绩效管理体系,需要根据企业的实际发展需求和实际情况而定。最重要的是,员工还希望获得有关绩效的反馈,并了解他们如何改善绩效并进一步发展他们的职业生涯。所以,绩效管理体系建立,涉及以下6个关键要素。

1. 系统必须准确和公平

公平是组织绩效管理体系建立的根本。组织绩效管理体系的建立可以从多方面进行考虑,也可以从人性化角度出发。组织绩效管理的目的是"让员工的收入与付出成正比,达成企业战略目标"。所以,让员工多参与,成为绩效考核的主体,获得多个视角,系统才能实现公平和准确。特别是评价员工的表现,更要多结合在工作环境中的个人技能和能力,坚持公开、公正、公平等原则,实事求是地对被考评者进行考核,不能歪曲事实。

2. 系统必须高效

组织绩效管理体系如同企业的某一项管理工具,需要具备高效性,不能浪费太多的时间,或占用太多精力。要知道,组织绩效管理体系的目的是提升员工能力,实现企业目标。仅仅将组织绩效管理作为员工晋升或薪酬调整的依据,甚至为了降低人工成本或辞退员工,绩效管理多半会以失败而告终。

3. 系统应提升绩效

组织绩效管理体系应该明确工作目标和工作期间拥有的权力,并把其分解到部门负责人和员工,达成共识。

4. 薪酬不是绩效管理的全部

薪酬不是组织绩效管理的全部，也不是一成不变的执行者，要根据实际情况进行调整。另外，确保上下级沟通通畅，让组织绩效管理达到预期设定的目标，才不会挫伤员工的积极性，让管理者和员工共同承担责任。

5. 体系需要进行评估

组织绩效管理体系的反馈要素，体现了对企业绩效管理制度的重视，也是对员工的负责。只有与员工评价结果达成一致理解，并真诚地指出员工存在的不足，提出建设性的改进意见，企业的绩效管理体系才是有效的。

6. 管理者需要具备高素质

在组织绩效管理体系的建立中，管理者要发挥他们的工作技能和管理技能，让下属更加信服地接受和被管理。同时，管理者也要兑现承诺，推动组织绩效管理持续循环。若无法兑现承诺，就会打破组织绩效管理的正常循环。

总之，组织绩效管理体系的建立并不是一成不变的，需要摒弃传统的消极因素，融入新时代管理的元素，确保企业管理跟得上发展的步伐。

第五章 人工智能时代的组织绩效管理

人工智能时代企业需求的四个层级：业务目标、绩效使能、工作环境、个人能力

人工智能时代既是美好的时代，也是恐怖的时代；它既可能使人类获得前所未有的解放，也可能将人类几十万年的演进毁于一旦。这种好与坏的方向取决于人类是否意识到这种可能性，并尽可能地做足坏的防范和好的引领。对于企业管理者来说，必须尽早思考人工智能时代管理面临的各种变化。

企业需求分为4个层级：业务目标、绩效使能、工作环境、个人能力。人工智能时代，企业既然要变革管理，就要将以下问题搞清楚。

1.业务目标

人工智能时代，机器人的大量运用，使企业的生产能力和服务提供能力达到前所未有的水平，社会物质极大丰富，产品价格越来越低，物质带来的绩效感快速下降。一方面，机器替代人类节约大量的空闲时间；另一方面，人工智能的精确管理与精准技术极大地延长了人类的寿命。因此，

时间不再是制约性资源，如何花费时间过上明智、合意且完善的生活成为一个社会性问题。

有了大量的闲暇时间，人们对于精神需求的渴望快速增长，人工智能时代的企业绩效目标变成为客户更加高效地提供丰富多元的精神产品。随着社会需求的调整，企业必须将"提供更丰富、更个性化的人类精神服务产品"作为智能时代的经营目标。

2. 绩效使能

迄今为止，绩效管理经历了3个阶段：绩效考核、绩效管理、绩效使能。

绩效考核是蒸汽时代的产物。蒸汽时代首次将农民变成了工人，工人普遍受教育程度比较低，工作以执行低端、重复性工作为主，工作缺乏趣味性。

进入信息时代后，工作复杂度增加，企业需要受过高等教育程度的员工才能胜任，工作有一定的趣味性。绩效管理在绩效考核的基础上，增加了目标管理，从而在做一件事情之初，即让员工清晰地看到工作的价值和意义，绩效管理相比于绩效考核前进了一大步。

而绩效使能是新型绩效管理，它适用人工智能时代。在人工智能时代，低端、重复性的工作将越来越多地被人工智能取代，因而，企业越来越需要科学家、艺术家群体去做更高端、偏逻辑和哲思、设计、艺术类工作。这些工作的共同点是具备高创新性，而创新是不可能靠管理管出来的。

基于此，传统的绩效管理将逐步失效。要激发员工群体的创新潜能，激发员工的内在动机，企业需要从绩效管理转变到绩效使能上来，是创造条件让员工觉得工作好玩、有价值、有意义，愿意出于意愿而付出更多的努力，是使能。

绩效使能是一种管理方法，它通过建立有效的绩效管理体系，提高员工的绩效水平，实现企业目标。绩效使能包括以下几个方面。

（1）目标管理。确定企业目标和员工目标，建立目标体系，让员工明确自己的工作目标和贡献。

（2）绩效评估。通过有效的绩效评估方法，评估员工的工作表现，及时反馈，激发员工工作的积极性。

（3）激励机制。建立合理的激励机制，激励员工工作，提高员工的工作积极性和创造性。

（4）培训发展。为员工提供培训和发展机会，提高员工的绩效水平，为企业未来的发展打下基础。

要实现绩效使能，需要从以下几个方面入手。

（1）明确企业目标。企业目标是绩效使能的基础，只有明确企业目标才能建立有效的绩效管理体系。

（2）制订绩效管理方案。制订绩效管理方案，包括目标管理、绩效评估、激励机制、培训发展等方面的内容，确保绩效管理的有效实施。

（3）建立绩效管理体系。建立完整的绩效管理体系，包括目标管理、绩效评估、激励机制、培训发展等方面的内容，确保绩效管理的有效实施。

（4）实施绩效管理。按照绩效管理方案和绩效管理体系实施绩效管理,包括目标制定、绩效评估、激励机制、培训发展等方面的内容,确保绩效管理的有效实施。

(5)持续改进。不断对绩效管理体系进行优化和改进,提高绩效管理的有效性和可持续性。

可以说,绩效使能是企业提高绩效水平的重要手段,通过建立有效的绩效管理体系,提高员工的绩效水平,实现企业目标,从而提高企业的竞争力和形象,为企业的可持续发展打下坚实基础。

3. 工作环境

随着人工智能技术的飞速发展,其在工作环境中的应用也逐渐扩大。人工智能对工作环境的影响,主要体现在自动化与效率提升、协作性的增强、个性化的工作体验、决策支持和预测能力4个方面。

(1)自动化与效率提升。人工智能技术的应用,使得工作环境变得更加自动化,极大地提升了效率和生产力。通过机器学习和智能算法,人工智能能够自动完成烦琐、重复的任务,减轻员工的负担,并在保证准确性的同时大幅缩短处理时间。例如,在客服领域,人工智能通过语音识别和情感分析技术,能够快速解答常见问题,为客户提供更高效的服务。这种自动化的应用,使得员工可以将更多的时间和精力投入创造性的工作上,提升了工作环境的质量和员工的满意度。

(2)协作性的增强。人工智能技术的引入,为工作环境的协作性提供了新的可能。通过智能助手、虚拟团队等协作工具,员工可以更加方便地进行跨部门、跨地域的合作。人工智能还有助于实现更高效的沟通和协调,通过语音识别和自然语言处理等技术,快速整理和分发信息,减少误解和沟通障碍。此外，还可以根据员工的工作习惯和需求，智能匹配合作伙伴，提升团队的协同效率。这种协作性的增强，促使员工能够更好地分享知识、融入团队，提高工作质量和效率。

（3）个性化的工作体验。人工智能技术的个性化应用，使得工作环境更加符合员工的个体需求。通过数据分析和预测模型，人工智能能够了解员工的兴趣、能力和偏好，并根据这些信息为员工提供个性化的工作体验和支持。例如，可以根据员工的学习习惯和进度，推荐合适的培训课程和学习资源；可以根据员工的能力和喜好，智能匹配项目和任务，提供更加适合的工作内容。这种个性化的工作体验，有助于激发员工的动力和创造力，提高员工的工作满意度和忠诚度。

（4）决策支持和预测能力。人工智能技术的决策支持和预测能力，对于工作环境的改善起到了重要作用。通过大数据分析和机器学习算法，人工智能能够从海量的数据中挖掘出有价值的信息，并为决策提供科学依据。例如在人力资源管理中，人工智能可以通过分析员工的绩效数据和行为模式，优化人才配置和岗位匹配，提高招聘和留用的准确性和效率。还可以通过预测模型，预测市场趋势和消费者行为，帮助企业作出更明智的经营决策，更加敏锐地把握市场机会，提高竞争力。

4. 个人能力

在人工智能变革下，企业人才发展应该培养两大方向：全面加强人类独特的软能力的培养以及掌握和运用人工智能，即我们所说的：硬能力和软能力。

（1）硬能力。硬能力中的很多能力，都会被人工智能改变和简化，甚至被取代。未来，"AI +"是大趋势。因此，领导者需要培养运用人工智能的能力，使硬能力更加强大。

（2）软能力。人与人之间的不同，在于软能力的区分。企业应对软能力有越来越高的要求，要求全面加强对员工软能力的培养，以便在未来的竞争中胜出。

组织绩效管理技术之绩效传导基本原理

进行组织绩效管理时，不论是设定项目目标，还是设定人员发展目标，都需要合理有序，抓住真正能撬动终极目标实现的先导性指标。

这些先导性指标一般都是工作过程中的关键行为、关键操作或某些关键流程达成的数量和质量，只要将这些做好了，多数都能实现最终目标；反之，便会出现较差的结果。

这些指标是改进和管理的抓手，只有关注这些，才能促成最终业绩的达成。

在绩效改进领域，有时会批判或警惕一种现象——事后管理，即问题出现了，还没有完成业绩，只能进行干预、管理和复盘。但这种做法只能事后矫正，绩效不佳。

在绩效实现的过程中，只有建立清晰的传导逻辑，明确先导性指标并进行管理，然后对先导性指标进行优化，才能改变最终的业绩结果。举个例子：某企业制定的五年战略目标是"成为行业领导者"，要想实现这一终极目标，完全可以将该战略目标转化成几个方面的指标，包括组织层面的业务成果指标，如市场占有率。

我们真正要做的事情，不是追溯评估结果，而是在结果出现之前先管理好过程的数量和质量，以企业持续发展与员工成长为目的，进行全员参与管理，以全方位激励为保障，采用信息化、智能化等手段，打造一个具有系统性、完整性的组织管理体系，将企业、组织和员工三者之间的绩效紧密结合起来，最终实现和谐共赢的企业目标。

1. 把考人与考事结合起来

要想统筹推进组织绩效与个人绩效，就要促进组织绩效评估、领导干部政绩考评与个人绩效考核机制的有机衔接，从整体上、横向上、纵向上实现绩效的有效传导，将"最先一千米"和"最后一千米"有机融合在一起。

2. 把考核与激励机制有机衔接起来

绩效考核的目的是促进绩效持续改进，改变过去那种干与不干、干多干少、干好干坏一个样的窘境，形成能者上、平者让、庸者下的绩效导向。评估结果应用直接影响着考核实效，要突出评价结果应用，将评价结果与组织评先、个人评优、干部晋升、领导职务职数调配等有效衔接起来，实现正向激励和问责惩戒的两手抓。

3. 将督查与考核机制有机衔接

考评为督查提供了明确的方向，督查则是考评的动力和保障。只有搭建"以强化过程管理促进目标结果实现，以结果管理倒逼监督预警纠偏"的督考联动系统，将监督和考核衔接到一起，才能实现过程管理与结果管理的融合。

4. 构建多重保障机制

为了确保传导绩效管理体系的实施效果，需要构建多重保障机制。

（1）构建以管理标准、技术标准和工作标准为主体的综合管理体系，并进行流程再造，为绩效体系的运行提供管理基础。

（2）构建计量体系，为组织核算、成本控制、目标实现等提供重要的基础数据。

（3）建立内部市场机制，为绩效评价体系建设创造必要的条件。

（4）建立操作、质量和消耗等KPI指标库，为评价体系提供数据保障。

（5）设计组织和岗位计分卡，为绩效结果应用提供重要依据。

（6）建立以员工绩效档案为核心的员工评价模型，为员工的成长和发展提供评价依据。

（7）构建文化保障机制，让全员对目标传导达成共识。

（8）建立绩效管理一体化信息平台，确保绩效评价的全天候、全过程。

总之，组织是由个体、岗位、流程和职能构成的一个复杂系统。只有健全优化绩效管理流程机制，促进绩效管理改革创新，保障绩效管理业务流和部门职能工作流畅通，才能实现绩效管理在不同层级、不同部门的有效衔接。

不同组织绩效管理的多个环节

不同组织绩效管理,虽然采用的模型不同,但绩效管理的各环节基本一致。

1. 绩效目标制定环节

(1)战略解码。如果说,战略是选择做正确的事情,那么绩效就是将这件事情做正确。绩效管理是一个系统,严格来讲,不是企业人力资源管理的一个独立范畴,而是战略落地的抓手。在很多企业,绩效作为人力资源部门的一个板块,在人力资源的领导下开展工作。

这种架构设置有利有弊。好处是,人力资源部门能对主要管理者以及员工的绩效表现尽在掌握,并采取针对性的改进措施。不利之处是,人力资源部门本身并不承担推动战略落地的职责,不会直接负责战略解码及后期落地跟进等工作,在核心的组织绩效端,获取到的都是二手甚至三手信息。比如作为电商部门,核心的指标之一是转化率,如果这个数字持续下滑,就代表运营出了问题;不深度参与运营、不做过程的跟踪,根本无法了解到底发生了什么,以及如何做下一步改善,只能被动地接收一些二手的数据或信息。

简单理解,战略解码就是将相对抽象的战略,具象为具体行动的过程。一般来讲,可以按照3个维度进行组织的战略解码,即由远及近、由上至下、由前到后。

①战略定位、使命、愿景、目标、业务重点等企业战略重点的澄清与导入。

②确定必赢之仗：必赢之仗讲解、示例，进行研讨，形成必赢之仗。

③对必赢之仗进行描述、示例，分组研讨，明确关键成功因素、衡量标准，将必赢之仗情景化、具象化。

④行动计划分解方法讲解、示例，分组研讨，明确支撑必赢之仗的关键行动计划，责任主体。

⑤部门负责人绩效合约的研讨分解，形成各级组织的经营责任状。

可以说，战略解码就是绩效管理的先导。

（2）平衡记分卡。做绩效的人，对平衡记分卡耳熟能详。平衡记分卡的主要功能就是实现各种力量之间的平衡。

平衡记分卡的发明者是卡普兰和诺顿。卡普兰是美国哈佛商学院教授，在长期的教学和案例实践中，他一直感到用投资者直接需要的财务指标要求企业，会鼓励经营者采取短期行为，对驱动未来财务业绩增长的非财务指标缺少关注。

1990年，卡普兰与复兴全球战略集团总裁诺顿，开始了一个为期一年的名叫"未来组织中的绩效考核"研究项目。该项目筛选了12家在绩效测评方面比较先进的企业，对其测评模式和经验进行分析和研究。

1992年，他们提出了具有里程碑意义的平衡记分卡模型，发表在《哈佛商业评论》上，提出通过顾客角度、内部角度、创新和学习角度、财务角度4个重要维度全面地考察企业，比单用财务指标更加有效。

除了用平衡记分卡的四维框架进行指标分解，还要看到各个维度之间的转换关系。学习和创新促进了企业内部运行效率的提高，又可以更好、更快地满足顾客的需求，使顾客满意度上升，最终使企业市场份额增大，并反映在财务指标的增长上。一个好的平衡记分卡应该将上述4个维度有机地联系起来。企业应根据自身情况，制定自己的平衡记分卡，用平衡记分卡的框架，"讲述自己的故事"。

（3）组织绩效。所谓组织绩效，就是"组织"的绩效。巴纳德认为，组织是2人或2人以上，用人类意识加以协调而成的活动或力量系统。他提出，组织必须具备3个要素，即明确的目标、协作的意愿和良好的沟通。

显然，组织是相对于个体而言的，当个体无法依靠自身的力量完成某项任务时，就会产生与他人协作的动机，组织也就开始产生了。

在实践中，组织目标最主要的来源是战略解码的结果。通过战略解码，将企业的战略分解为各个组织的目标，通过对各个组织的目标进行有效管理，就能产生组织绩效。

组织是一个载体，连接战略与人。战略通过组织来实现，衡量组织成效的标准，即组织绩效。组织的最高管理者，代表组织承担该组织的绩效。

组织绩效并不是组织内所有成员的绩效总和，但与组织内成员绩效高低密切相关。对员工进行绩效考评时，须先考虑其所在组织的组织绩效。

（4）员工绩效。所谓员工绩效是指员工个人的绩效，或者说是某一个个体的绩效。

而对一个个体评价，往往会考虑以下因素。

①所在组织的整体绩效达成。进行个体绩效考察时，企业往往会从经济性角度去看待整体组织的贡献度，即组织绩效。

②个体因素。包括个体的能力、潜力、价值观等。暗含的逻辑是：优秀的组织不一定全是优秀人才，平庸的组织不一定全是平庸的人才。

按照以上两个方面，在实际操作中，往往会从业绩和能力两个维度，构建员工的绩效评价矩阵。

2. 绩效执行与辅导环节

（1）情境辅导。绩效辅导是绩效管理者中非常容易忽视的环节，很多主管不知道如何进行有效的辅导。这里介绍一种非常实用的辅导模型——情境辅导。

所谓情境辅导就是根据员工的发展情境，采取针对性的辅导策略。一般来说，可以按照意愿和能力两个维度判断员工所处的情境。

（2）GROW 模型。GROW 模型是教练技术中常用的模型之一，于 1992 年被约翰·惠特默提出。GROW 是 Goal（目标）、Reality（现实）、Option（方案）、Will（意愿）4 个英文单词的首写字母。GROW 由 4 个步骤构成。

G，"Goal" 的简称，即目标，通过一系列启发式的问题帮助被辅导者找到自己真正期望的目标。

R，"Reality" 的简称，即事实，围绕目标搜索相关事实，帮助被辅导者拓展思路，找到超出自己目前所能看到的内容和维度，发现更多的可能性，从而走向第三步。

O,"Option"的简称,即方案的选择,被辅导者看到了更大的现实可能性,开启思路,探索到更多的方案选择,找到最佳方案。

W,"Will"的简称,与被辅导者确认具体的行动计划及下次评审的时间。

需要注意的是,在绩效辅导中,GROW模型更适用于意愿度高、能力强的员工,可以激发他们更大的潜能。

3. 绩效评价环节

(1)目标达成评价与员工绩效评价。提到绩效评价,很多人首先会想到绩效考核、打分、强制分布。的确,这些都属于绩效评价的内容,但这里面实际上有两个维度:对目标达成的评价以及对人本身的评价。对目标达成的评价,是绝对评价,秉承的原则是对事不对人。比如,达成率是80%还是90%。对人本身的评价,是相对评价,需要关注人,比如员工绩效是优还是良。

为什么要将两者进行区分呢?因为目标完成得好坏与人的能力不是绝对对等的。比如,年初定了2000万元的销售目标,但由于不可抗力因素影响,年底只完成了1000万元,达成率只有50%,如果按这个结果去评价员工,显然失之偏颇。实际上,OKR相较于KPI的一大亮点,正是将目标达成评价与员工绩效评价解耦,员工在定目标时,不会有后顾之忧。

那么,如何对员工进行评价呢?OKR给出的答案是看最终贡献,通过集体评议,确定员工的绩效等级。

(2)多维度评价。如同只通过财务指标去评价一家企业一样,单通过业绩去评价一个人也是不全面的。一方面,业绩是过去创造的,未来能否持续创造出高业绩是不确定的；另一方面，创造业绩的过程是否健康、可持续，也需要纳入考虑的范围。因此，对员工的绩效考评往往是多维度的。比如，在阿里，按照价值观和业绩双维度，对员工进行考核；在京东，按照业绩和潜力双维度对员工进行考核。

4.绩效应用及改进

（1）薪酬包。一个好的绩效应用，离不开薪酬包的设计。一般来说，可以将薪酬包分为工资性薪酬包和奖金包两类。工资性薪酬包，又分为存量薪酬包（现有人员工资总额）、涨薪薪酬包（加薪总额）、净增人员薪酬包（新增编制薪酬总额）、备用薪酬包（离职补偿等）。奖金包，根据组织的奖励方案确定奖金池，一般与组织创造的收入、利润或价值挂钩。另外，工资包和薪酬包之间还可以转化。工资包如果结余，在组织绩效达成的前提下，可转为或部分转为奖金包发放，具体转化比例，结合组织绩效达成比例确定。如果工资包超过了预算，就从奖金包内扣除。

（2）绩效行为工程模型。绩效行为工程模型由吉尔伯特提出，吉尔伯特认为有两大类、六小类因素影响着人的工作绩效结果。两大类是指环境因素和个体因素。环境因素包括数据信息反馈、资源流程工具、后果激励奖励；个体因素指的是知识技能、天赋潜能和态度动机。

把环境因素当成"技控"，把个体因素当成"人控"，在吉尔伯特的绩效改进的行为工程模型中，"技控"因素占到了75%，"人控"因素只占到25%。这个模型给我们的启发是，如果要进行绩效改进，就要将关注点放在占比达到75%的"技控"部分，而非25%的"人控"部分。

敏捷业绩提升流程——RAPID3

经过近40年的探索与研究，业界对组织绩效改进的方法和流程已经总结出多种模型。目前，影响力最大的当数美国培训与发展协会的绩效改进模型（HPI模型）或国际绩效改进协会（ISPI）的绩效改进技术模型（Human Performance Technology，HPT模型）。

这两个模型对使用者和初学者而言，都过于复杂。为了便于理解和实际操作，通过对以上两种模型和其他绩效改进模型的综合比较，可以提炼出简单实用的RAPID3绩效改进模型。

在RAPID3绩效改进模型中，"R"代表响应绩效改进需求（Respond）；"A"代表分析组织业务（Analyze Business Needs）；"P"代表绩效差距分析（Performance Gap Analysis）；"I"代表探寻影响因素及根源（Identify Influencing Factors and Root Causes）；"D3"由3个"D"组成，分别代表选择绩效改进方案（Decide Solutions），设计和实施绩效改进方案（Design and Implement Solutions）和评判绩效改进的效果（Determine Results）。

下面我们就绩效改进方案的选择和实施进行重点阐述。

1. 响应绩效改进需求（Respond）

RAPID3绩效改进模型始于响应绩效改进需求，有主动和被动两种方式，包括绩效改进顾问主动地寻找绩效改进的机会以及绩效改进顾问合理地响应业务部门/客户的绩效改进需求。

在得到需求后,还要确定绩效改进需求的层级,可分为由宏观到微观的 4 个层级:企业层面的业务需求、部门或个人绩效需求、工作环境需求和员工能力需求。通常,需求的层级会决定绩效改进项目的影响范围和难度。

如何响应绩效改进需求,对企业管理者而言是一个很重要的思维转变。面对业务部门/客户的各种需求,企业管理者第一反应都是提供培训。但绩效改进技术要求企业管理者不能先入为主地以培训作为响应需求的唯一解决方案,而是要找到问题的真正根源,提供真正适合的解决方案或解决方案的组合。

2. 分析组织业务(Analyze Business Needs)

确定需求的层级后,要以业务需求为导向进行组织业务分析。在这一过程中,要对企业的愿景、使命、价值观、发展战略和业务重点有选择性地进行分析。比如通过访谈、会议、观察、文档分析等方法,对企业的战略目标和业务进行深入了解,并对培训部的部门战略和业务重点如何支持企业层面的战略和业务重点进行深入分析。

外部绩效改进顾问通过这些分析,确保随后进行的绩效改进工作都紧紧围绕培训部的战略目标和业务重点展开,而这些部门战略目标和业务重点的完成将有助于企业层面的战略目标和业务重点的实现。

3. 绩效差距分析(Performance Gap Analysis)

绩效差距分析是通过收集和分析信息来得到实际的绩效状态和期望的绩效状态,进而得到它们之间的绩效差距。

在进行组织业务分析的同时,外部绩效改进顾问可以通过访谈、会议、观察、文档分析和亲身体验等方法对企业进行绩效差距分析。

绩效改进的总体目标确定为提升组织整体绩效,尤其是新增组织的绩效提升。另外,通过对同行业优秀企业的对标研究,外部绩效改进顾问还能掌握同行业其他企业发展状况,并对绩效改进的目标和范围进行调整,确保绩效改进工作的顺利完成。

4. 探寻影响因素及根源(Identify Influencing Factors and Root Causes)

寻找造成绩效差距的影响因素及根源,通常需要进行明星员工分析、工作任务或流程分析、影响因素分析等。影响因素通常是绩效问题的外在表现,例如组织成员之间有冲突。解决影响因素不一定能够真正解决绩效问题,需要进一步找到真正的根源,例如团队成员之间冲突的根本原因是职责没有划分清楚。通过这样的深入分析,选择最合适的方案来解决绩效问题。区分哪些是影响因素,哪些是根源,这是绩效改进管理者的关键能力之一。

绩效问题的影响因素和根源分析采用的是假设法,即假设某个绩效问题是由于某种原因引起的。通常业务部门/客户都会提供他们对影响因素及其根源的看法,绩效改进顾问的主要工作就是为这些建议寻找证据,以确定这些影响因素或根源是否真实存在。

5. 选择绩效改进方案(Decide Solutions)

(1)各种绩效改进方案。造成绩效差距的原因千差万别,绩效改进措施也各不相同。研究表明,绩效改进的解决方案通常分布在8个方面:提高知识和技能,改进信息和交流,提升工作积极性,改进人力资源管理,改进资源、工具和环境，改进架构和流程，改进信息和交流，改进财务系统以及增进健康。

（2）绩效改进方案的选择。选择绩效改进方案时，要考虑很多因素，例如可行性、成本收益分析、组织与员工的接受能力等，来判断各种解决方案的适合性。

6. 设计和实施绩效改进方案（Design and Implement Solutions）

一旦选定了绩效改进方案，就要设计和实施可执行的解决方案。由于绩效改进的具体方案会涉及多个方面，包括培训、人力资源、组织发展、信息技术、架构和流程再造等，因此管理者要根据方案的性质，组织相关的专家来共同设计和实施绩效改进方案。

在企业中实施组织绩效改进方案，就是在企业内部引入一场变革。对这场变革进行精心的管理，可以帮助企业有效地实施方案，改进绩效。

为了确保实施过程中变革管理的有效性，绩效改进管理者要对以下几点进行分析，并与组织成员进行相应的沟通。

（1）为了达到业务部门的期望，需要发生什么样的变化？

（2）绩效改进的差距是什么？

（3）如何确定客户（培训部领导）对绩效改进的结果满意？

（4）如何清晰完整地定义变革内容？

（5）这样的变革对现有部门和员工的工作有什么影响？

（6）部门管理者、员工和变革促进者（例如绩效改进顾问）之间的协作如何？如果没有协作，我们应当怎样改进合作关系？

（7）可能会遇到什么样的阻力？我们应当如何解决？

（8）变革的内容与组织的文化相匹配吗？

（9）员工是否做好了变革的准备？如果没有，培训或沟通会议有帮助吗？

（10）人员配备、沟通计划和评估标准都准备好了吗？

7. 评判绩效改进的效果（Determine Results）

如果绩效改进达到了绩效目标和参照对象的标准、获得了业务部门的同意、对流程进行了标准化以确保绩效改进效果可以持续地获得，绩效改进工作就圆满完成了。反之，如果绩效改进的效果没有达到预期，就需要返回到RAPID3模型的绩效差距分析部分（P），重复某些步骤（例如P、I和D3）的操作，直至达到绩效目标为止。绩效改进效果的评估可以考虑采用柯氏四级评估法、员工绩效指标评估法、360度评估法和平衡记分卡等方法进行定量和定性的评估。

创建适合时代发展要求的组织绩效改进中心

组织绩效改进中心的出现，主要是为了帮助企业管理者更好地解决企业问题。组织绩效改进中心拓宽了管理者的视野，使他们意识到：面对复杂的企业问题，培训只是解决问题的方案之一。在多数情况下，只有与其他解决方案组合使用，才能真正有效地解决企业问题。那么，如何创建适合时代要求的绩效改进中心呢？通常要创建适合时代要求的组织绩效改进中心，要通过以下几个步骤进行。

1. 绩效改进分析

绩效改进分析的终极目标要通过一系列有针对性的措施和办法，形成整套方案，解决绩效问题，提高组织绩效。其中，确保设计与开发的干预方案的"针对性"尤为重要，这也是绩效改进成败的关键。

为了使方案能针对引发绩效问题的根本原因，就要收集有关组织和个人绩效的系列信息，明确绩效问题；进一步分析造成绩效问题的根源，为后期的设计与开发工作做好铺垫。

企业在绩效改进分析的时候，一定要明确自己的目的：首先，找出组织的绩效序曲，明确组织绩效问题或绩效差距，确定绩效改进努力的方向；其次，找到导致组织绩效不佳的根本原因，明确干预措施的类型，为后期干预方案的设计与开发奠定基础；最后，进入绩效改进工作场所，获得有关人员的支持与参与，为后期设计、开发和实施干预方案做好准备。

2. 评估企业需求

需求评估，就是找出组织绩效改进的需求所在。在这个阶段，绩效改进小组需要完成两大任务：一是明确组织绩效的差距，二是判断缩短这种差距对于提高组织绩效的价值。为此，绩效改进小组需要通过不断地收集数据回答下列两个问题。

（1）与组织绩效差距有关的问题。

①组织出现了绩效不佳的问题，抑或出现了新的绩效要求？如果组织出现了绩效不佳的问题，理想状况下组织应该达到什么标准，目前达到了什么样的绩效水平，两者之间差距如何？

②组织出现绩效不佳的问题时，理想状况下各部门与个人应该达到什么绩效标准，目前处于什么样的绩效水平，两者之间差距如何？如果出现

了新的绩效要求，那么需要达到什么标准？组织目前处于哪种水平？

③在组织出现新的绩效要求时，理想状况下各部门与个人应该达到什么绩效标准，目前处于什么样的绩效水平，两者之间差距如何？

通过回答上述问题，就能得出组织中一系列的绩效差距。当然，不同的绩效问题或基于涉及面不同，有时绩效差距涉及多个部门，而有的只涉及一两个部门。

（2）与判断缩短绩效差距对提高组织绩效的价值有关的问题。相关问题主要有：识别出绩效差距存在多久，是否经常出现？识别出绩效差距重要吗？这些差距对于组织整体的绩效差距的解决是否能起到关键作用？要缩短所识别出的绩效差距，需要花费多大的成本？了解了这些，就能对所识别出的绩效差距进行排序，选出对提高组织整体绩效有重要价值的绩效差距，作为后期绩效改进努力的重点。

3. 选择组织绩效改进方案

在选择绩效改进方案时，要考虑很多因素。比如可行性、成本收益分析、组织与员工的接受能力等，判断各种解决方案的适合性。

进行绩效改进的过程中，绩效改进小组找出绩效问题的根源后，要选择合适的绩效改进方案。综合考虑方案对总体绩效提升的影响作用、方案的可行性、投资回报率及时间的紧迫性，提出多个绩效改进方案以供选择。不过，企业内部有很多限制条件，绩效改进小组团队有两个绩效改进方案不能采用，即薪酬体系调整和人员选聘。

通过向业务部门呈现，企业可以采用以下几个方面的绩效改进措施来综合提升组织成员和部门的绩效。

（1）流程再造。对新成立的两个部门的工作流程进行梳理，建立分工协作、保障工作质量的流程。另外，新增部门与其他部门的衔接要做好相应的接口和职责分工。

（2）能力提升。对新成立的两个部门的员工提供相关培训，让现有成员提升能力，让新加入的成员尽快上岗，让所有成员能够按照重新梳理和制定好的流程保质保量地完成工作。

（3）激励制度的建立。设立一种综合的激励制度来激励组织成员，做到公正、公平和合理。这个方案的选择是基于客户的强烈要求，因为它是组织最重要的工作任务之一。

4.设计和实施绩效改进方案

企业一旦选定了绩效改进方案，就要设计和实施可执行的解决方案。为了确保实施过程中变革管理的有效性，应对以下几个问题进行分析并与公司员工进行相应的沟通。

①为了达到业务部门的期望，需要发生什么样的变化？

②绩效改进的差距是什么？

③如何确定客户对绩效改进的结果满意？

④如何清晰完整地定义变革内容？

⑤这样的变革对现有部门和员工的工作有什么影响？

⑥部门管理者和员工之间的协作如何？如果没有协作，应当怎样改进合作关系？

⑦可能会遇到什么样的阻力？应当如何解决？

⑧变革的内容与组织的文化相匹配吗？

⑨员工是否做好了变革的准备？如果没有，培训或沟通会议有帮助吗？

⑩人员配备、沟通计划和评估标准都准备好了吗？

绩效改进管理者要通过会议、培训和非正式的交流等方式，及时地将变革的内容和重要意义传递给组织成员；要与关键成员组成一个变革小组来领导和支持变革。此外，在实施绩效改进方案的过程中，可以采用局部试点成功后再全面推广的方式，将变革的负面效应降到最低，并增强企业及员工的信心。

组织绩效改进完全可以用"医生给病人看病"来做类比，只不过这里的"病人"是企业，人力资源部门是"医生"，"药"是绩效改进方案。"医生"主动要求或被动响应"病人"的需求来诊断"病情"（绩效差距），寻找"病因"（影响因素及根源）。根据"病因"，"医生"开出合适的"药方"（绩效改进方案），然后由"制药厂"（人力资源部门）提供"处方药"（设计和实施可执行的绩效改进方案），并根据"复查的结果"（评判绩效改进的效果）来决定是否需要调整药方或重新开药。

由此可以看出，绩效改进的流程要将外部的问题解决能力内化到企业内部。RAPID3模型本身也是一种咨询的模型。在实际操作时，不一定需要完成模型中的全部步骤，而是要根据具体情况做出适当调整。

绩效改进之所以让企业管理者感到新颖，是因为绝大多数企业管理者做的事务性工作居多，很少采用咨询的方法和流程寻找企业真正的问题所在，从而使培训真正有效并与组织的战略目标保持一致。一旦培训管理者采用咨询（或医生给病人看病）的思维模式来思考工作中的问题，绩效改进技术也就不再神秘和陌生了。

第六章　VUCA 时代的组织绩效管理

VUCA 时代组织绩效管理的特点

VUCA 是 Volatility，Uncertainty，Complexity，Ambiguity 的缩写。

Volatility，意思是"波动"，形容变化的速度，我们不知道明天早上起床后世界会发生什么。

Uncertainty，意思是"无常"，指由于变化，我们对现行状况或未来结果不太确定。

Complexity，意思是"复杂"，指影响的决策因素有很多，而且面临的困境也具有多样性。

Ambiguity，意思是"模糊"，由于变化，我们对一件事缺乏清晰准确的认知。

所以说，VUCA 时代就是由于变化加快而产生的一个"动荡无常、复杂模糊"的时代，在这个变化加剧的时代，组织绩效管理必须敏捷，能快速感知和应对这个时代变化。但在当前，绩效管理以 BSC、KPI、PBC 为主流，通过管控和利益杠杆驱动员工实现目标。这种方法，以提高经营管理活动的效率为目标，以量化指标、强制正态分布、结果和绩效考核强相关为主要特征。这在工业化时代下，效率、标准对企业更加重要的经营环境中，确实取得了辉煌的成就，比如众所周知的 GE 韦尔奇创造的"活力曲线"。

VUCA 时代的组织绩效要复杂许多，也意味着组织所面对的环境更加恶劣。这些误区在 VUCA 时代特性之下被不可估量地放大，日益凸显，这也就意味着我们传统的绩效管理方式需要对应着时代做出革新。对外要确保能够灵活应对外部环境的变化，对内要确保员工的持续成长和潜力开发，最终实现员工与企业的共赢，这才是组织绩效管理体系的正确姿态。

绩效是组织期望的结果，是组织为实现其目标而展现在不同层面上的有效输出。所以绩效是组织的立命之本。绩效管理是一个持续的系统、过程、方法论和工具。通过绩效管理，个人目标和团队目标与组织战略方向保持一致，从而使公司可以辨识、衡量和发展员工绩效。而就绩效本身的性质而言，敏捷绩效是建立敏捷组织的关键。

企业到底为什么要做绩效管理？为了经营目标？为了提高组织绩效？为了识别人才？为了发奖金？为了激励员工？是的，这些都是绩效管理的目标，绩效管理的目标可以总结为 3 类：你要干什么，怎么干，即战略目标落地；干得好有什么标准？干得好有奖励吗？干得不好有处罚吗？即为管理提供数据支持；告诉大家怎么干得更好，即提高个人和团队的能力。

针对当下 VUCA 时代的特点，对于企业而言，对外要确保整个组织能够灵活应对外部环境的变化，对内要确保每个员工的持续成长和潜力开发，最终实现员工与企业的共赢才是绩效管理体系的正确姿态。

敏捷意味着公司能够洞察市场变化，能够迅速地对这些变化做出反应，这就要求企业能够接受变革和创新的可能，以客户为本，不断调整对客户需求的理解，在客户需要的时候及时推出合适的产品。敏捷绩效包含两个层面：在组织层面，VUCA时代企业需要敏捷响应外部变化以及组织发展的需要，快速调整组织战略目标和个人目标，保持员工与企业战略目标的一致；在员工层面，通过目标驱动的快速反馈，敏捷辅导，激发员工潜能，促进员工快速成长，而不是只做年度的绩效面谈。敏捷绩效的终极目标是：人才成功和企业真正共赢。

在VUCA时代，潜力成为识别人才的重中之重。与普通员工相比，知识型员工知识储备性、工作创新性的特点非常突出，传统的组织绩效管理方式已经不能完全适应当前时代对知识型员工的管理要求，尤其对于知识型员工高度聚集的高科技企业，亟须一场组织绩效管理方式的变革。

在VUCA时代，为了更好地进行人才管理，识别高潜力人才，建立"以人为本"的基于胜任力的组织绩效管理体系，不失为应对之道。

1.胜任力素质与组织绩效的关系

胜任力素质模型是指在特定的工作情景中，驱动个体取得卓越工作绩效的一系列胜任力素质的组合，既代表了企业对于工作所需要素质的界定，也为员工创造优秀业绩提供了有效指引。胜任力有以下3个重要特征与绩效密切相关。

（1）胜任力模型与绩效的因果关系，显性部分因素是驱使员工工作行为而产生的工作业绩，进而产生组织业绩的内在驱动因素。

（2）在企业发展的不同阶段和不同生命周期，胜任力特征呈动态式变化。

（3）胜任力模型能够将绩效优异者与绩效平平者区分开来。

胜任力模型与组织绩效管理的结合有非常科学的理论基础，它们之间的有效衔接及运用是 VUCA 时代人才管理的必然趋势。

2.建立基于胜任力模型的组织绩效管理体系

基于胜任力的组织绩效管理体系主要是通过将个体目标和组织目标相结合，不断获取、使用、激励和开发员工个体胜任力，以提高员工个体的绩效，进而实现组织发展目标的一个循环往复的过程。它不仅包括胜任力模型建立、胜任力管理（获取、使用、激励和开发）以及员工个体胜任力的整合，还会使组织绩效管理覆盖绩效产生的全过程，包括绩效目标的设定，绩效监控、评估与反馈等一系列相互交叉、相互联系的环节。

（1）绩效计划。基于胜任力模型的绩效管理绩效计划的制订，需要涵盖两方面内容：业绩目标的设定和能力发展目标的设定。业绩目标可以采取传统方法如 KPI、BSC 等来确定，完成既定的工作任务，保障在整个工作过程中工作职责的切实履行。能力发展目标则基于胜任力模型，胜任力模型构建时要基于公司战略和组织核心能力。

（2）绩效监控。胜任力素质模型使组织和上级了解到与绩效密切相关的能力和行为表现，有利于随时掌握成员是否沿着正确方向、路径完成目标，了解自身胜任力方面的不足等。

（3）绩效考核。在进行基于胜任力模型的绩效考核分数核算时，既可以采用业绩目标和能力发展目标分数加权的方式，也可以采用二维量表的方式。胜任力素质有一个很重要的特点，就是在较长的一段时间内保持不变。这意味着对员工进行考核时，频率不宜过高，通常为半年或一年。

（4）绩效反馈。对岗位胜任能力的评价使得在绩效反馈时有了目标和重点：胜任素质模型的应用为组织绩效沟通提供了新的内容，通过反馈沟通来帮助员工发现未达成的原因，从而寻找改进的方向和措施，为未来制订企业培训计划指明了方向。

在VUCA时代，基于胜任力素质模型的组织绩效管理体系将更加重视员工潜力，着眼于未来，更关注员工现有胜任力、优劣与目前及未来工作的胜任力要求之间的差距。在个人的能力素质要求、职业发展与日常绩效管理发生冲突时，可以帮助其提升能力素质并将员工的长远发展纳入组织绩效考核的体系中，为企业的长远发展提供人才保障。

从组织绩效管理到组织绩效引导

组织绩效引导是在绩效管理的过程中，在管人管事的基础上，进行引领教导，在绩效引导中侧重辅导的方式，在绩效引导中从几个层面进行分析，把"辅导方法"+"引导思维"进行双剑合璧。

1.关注结果 vs 关注过程

众所周知，指标变成结果需要经历一个过程，结果是很难管理的，结果形成之后很难改变，而形成结果的过程则可以进行管理和干预。良好的过程造就良好的结果，比如员工发展、流程创新、客户满意度提升等，都是影响结果的指标。

不管是什么考核周期的设置，在周期内的过程管控都不可缺少。比如，月度经营管理计划是评估工作完成与否的工具、季度经营分析是评估策略性动作是否有效的方式、半年度战略执行回顾则是进行战略方向把控的方式。

在目标清晰的情况下，绩效引导辅助得当，辅之以过程监控和管理，好的结果自然是会水到渠成的。因此，企业管理层要善于用周报、日报等方式，对员工进行过程引导。而每次过程中的成功，也是组织成员之间进行有效对话沟通的路径，也能给员工带来一定的成就感，感受到引导的力量之后，留任的可能性也会大大提升。

2. 关注职责 vs 关注战略

很多企业把自己的财务目标当成公司的战略目标，似乎营销市场部门的指标设置更加简单，在企业的整体财务指标之下进行分解就可以，而非营销部门的指标设置却非常困难。

在实际操作中，企业的非营销部门也要承接公司战略，因为企业需要通过一定的方式，找到各部门各岗位和公司战略相挂钩的指标。作为企业管理者，首先要明确自己带领的部门和公司战略之间的联系是什么，通过如战略解码会、战略澄清会、绩效考核说明会、月度季度经营分析会等来让管理者清楚地知道自己部门的定位和价值。如果不清楚，还可以向上级提问沟通。

管理者还要将自己部门的价值和战略意义分解到每个岗位上，帮助岗位员工理解和分析他们在战略中所承担的重要价值和意义。这点需要管理者和员工共同发掘，并成为绩效引导的重要方式。

3. 打分者 vs 教练员

教练与管理者是有差异的，教练不是高高在上，他们会承认自己的不足，反省自己的行为，成为员工的榜样，会通过一定的技巧和方式把自己的所学所知传授给学员，还会将优秀的下属推到更高层面前进行展示。因此组织绩效管理，不仅是管理的过程，也是管理者自身修炼的过程，与员工一起成长。而学会提问、自我反省等都是有效的修炼方式。如果没有过程的引导，直接就给员工打分，则在绩效面谈和反馈的环节，会出现很多尴尬的场面。

4. 人力资源角色的转变

在组织绩效管理过程中，人力资源可以给管理者更多有价值的咨询。过去人力资源更多的是从事服务者的角色，做一些组织工作，再进行数据整理、计算等工作，被埋在绩效数据里无法自拔。而在组织绩效管理过程中，人力资源更多的是咨询顾问的角色，是绩效工具的提供和设计者，是专业环节设计的伙伴，同时在绩效引导、绩效面谈、绩效沟通等各环节中，给组织予以指导、帮助和陪伴。

组织绩效管理的游戏化转变

所谓游戏化,就是把不是游戏的东西或工作变成游戏。

游戏化的目标并不是要建立一个完备的游戏,也不是要通过你的产品进入另一个虚拟世界,而是要利用一些基本的游戏元素,让参与者获得情感共鸣并获得乐趣,提高组织成员参与性、主观能动性,并带来实质性的业绩改进。

1.怎么用游戏化的管理方式带动年轻人积极参与

打游戏的时候,个人往往都是追求积分越来越高。而团队一起来打,就是要跟另外一个团队来比。最后,实现整个组织的共同成长。基于这样的理念,可以设计3种方式,吸引年轻人参与组织绩效管理中来。

(1)积分体系。积分体系可以为基础积分,也可以加上打赏积分,同时还需要建立一个积分兑换体系。基础积分就是每完成一项任务,可以有多少积分。打赏积分则是在正常积分的基础上,对完成难度较高的任务者,进行悬赏,谁能够完成这项任务,就能获赠额外积分。腾讯在之前就试行过这种打赏积分制度——"谁帮助我完成了某个任务,或者我觉得谁对我有贡献,谁做得非常好,就给他额外打赏"。比如每个月有6个金币,这6个金币可以奖给6个人,也可以奖给1个人。但如果这个月不用,下个月就没有了。这种打赏积分的机制,很符合年轻人的积分心态。

（2）段位体系。比如如果尚品宅配是一段，只能设计单个鞋柜；如果是三段，可以设计一个空间；如果是八段，就可以设计整个全屋的家具。简而言之，向着英雄出发，就能获得更多的积分，这就是段位体系。

（3）战役体系。我们不仅要用一些活动来凝聚人，用关怀凝聚人，更要用战役来打出军魂，打出信心，打出战斗力。所以，要设计一些团队和团队之间的比赛。比如领导者喜欢打篮球，就可以设计这样一个比赛机制，通过这种游戏化的方式，把大家的积极性调动起来。

2.管理中引入游戏化思维需要解决的核心问题

玩家是游戏的核心，利益相关方则是管理的核心。玩家需要在游戏中拥有掌控感，玩家的兴奋感源于玩家的自主意识，所以在管理中引入游戏化思维需要激活参与者的自主意识，让他们通过选择获得掌控的快感。而要想在管理中引入游戏化思维需要解决四大核心问题。

（1）参与者的动机。当一个人拥有想要做某件事情的冲动，当这种冲动是被内心的渴望驱使的时候，就是一种内在动机。与之对应的，感觉自己不得不去做某件事的时候，就是外在动机。

行为主义心理学家认为，胡萝卜加大棒的激励策略往往能增强外在动机的行为效率，但系统地运用这种奖励或惩罚措施则会制约或加强对进一步的奖励或惩罚的预期，会加大组织的运行成本。

认知主义者则更多地关注内在动机，认为内在动机是聚焦在一个人的内心满足感上，它包括对能力的提升、关系的完善以及从事自己最喜欢的事情或负责一个重要项目时发自内心的愉悦感。

人类本质上是积极的，并具有强大的来自内心的发展欲望，但是外部环境必须支持，否则将会阻碍这些内部激励的发生和起作用。因此，为员工创造一个他们想要积极表现的工作环境是更明智的选择。真正有价值的员工则更关注工作所带来的体验历程，而不是奖励的内容。

从某种意义上说，传统的外在奖惩机制适用于本质上并不太有趣的活动，外在动机可以帮助人们享受那些无聊的活动，外在奖励可以帮助一个人在处理枯燥、重复、单调的工作时获得积极的行为效果。游戏机制可以通过不同的方法让内在动机不能发挥功效的活动重焕生机，并尽力将动机内化为行为人自己的价值观和自我意识。这些被视为对个人未来或个人价值重要的任务，可以通过整合动机来驱动，将基于外在动机的行为转化为内在动机的意愿。

（2）有意义的选择。提供有意义的选择意味着给参与者更多自由。这种选择会带来挑战和乐趣，能激活人们心中最原始的需求：自主需求、能力需求和关系需求。

自主需求强调"我来决定怎么完成"，能力需求强调"我做出来了"，而关系需求则强调"我可以与朋友们分享自己的成果"。一个有奖励但缺乏自主空间的组织绩效考评系统，很快就会让参与者觉得是被剥夺了能动性而感到乏味。相反，在一个有自主选择的空间中行动，就能提升人们的满足感和荣耀感。记住，让员工在工作中获得荣耀是最好的激励。

（3）量化的数据。游戏虽然有趣，但需要用量化体系来衡量游戏的质量和参与者的行为。在游戏的场景中，追踪和记录用户行为相对容易，所有相关数据都会被反馈到一个线上系统，更好地管理和提升游戏的质量。但是，现实的管理困境是，员工的行为很难被及时记录和实时反馈，导致企业管理系统的迟钝湮没了员工的激情。组织没有确定的标准将高质量的员工行为与低质量的员工行为区分开来，凭什么苛求员工的优异表现？所以，高质量的信息反馈可以提高员工的自主性和自我报告的内在动机。

（4）相互衔接的机制。游戏化设计与传统绩效制度之间要避免潜在的冲突。研究表明，像排行榜这样的游戏机制使用不当，反而会降低员工的工作效率，尤其当它与工资、奖金这样的传统奖励方式挂钩，当员工看到自己在排行榜的位置如此之低的时候，更倾向于放弃。所以，企业必须找出现有的针对目标人群的激励方式，并考虑这些现有机制该如何与游戏化机制协同运作。

组织绩效沟通形式丰富多彩

组织绩效管理作为一个兼顾过程与结果的管理工具，往往被大家关注的只是绩效考核一个点，而组织绩效管理的关键在于融入绩效管理全过程的一个核心词：沟通。沟通决定了绩效管理的进程，缺少沟通与对话，绩效管理就不能称之为绩效管理，也不能达到其本应达到的效果，必将沦为"食之无味，弃之可惜"的"鸡肋"下场。在组织绩效管理中，每位管理者都有自己的沟通模式和方法，其中有五种非常典型，也非常广泛存在的组织绩效沟通模式，值得每位管理者警惕和反思。

第一种，下达指令型的组织绩效沟通模式。

比如："小吴啊，你这个月的绩效目标没有达到，下面两个月的业绩必须提升 10%，费比投入一定要降低 3%，才能达到第一季度的绩效目标。"

这种组织绩效沟通模式比较强势，管理者直截了当、非常干脆地给下属下达目标指令，一要这么干，二要达成那个指标，三要降低多少费用……这种沟通模式会让下属产生出抵抗情绪："我又不是神，就凭你一句话，我就能达成目标？这是你的目标，又不是我的目标，企业安排你做总监又不是我……"最后即使最终达成了目标指标，下属也只会庆幸自己有这个能力，不一定感激管理者。

第二种，探讨型的组织绩效沟通模式。

比如："小吴，你怎么回事啊，这个销售额上不去。我们讨论一下，怎么把这个季度的销售额提上来，这个费比支出如何降下来……按照我们探讨的这么做，你接下来达成第一季度的绩效目标没问题。"

这是一种比较民主的绩效沟通模式，这类管理者的存在比例非常高。管理者通过探讨的形式，给予下属自己改进的建议。但探讨性的沟通后，如果绩效目标没达成，就会培养出下属推卸责任的心智，他们会认为"这是老大给的建议啊，即使我提的建议也是老大点头决策的啊。"如果绩效目标达成了，下属也只是感叹："不容易啊，终于完成了。"主人翁意识难以得到强化。

第三种，专家型的组织绩效沟通模式。

比如："小吴，我看过你的业绩数据，我也看了各方的反馈，根据客观的数据、各方的反馈、产品的铺货形式、客户的买单规律，你需要做好这么几件事情，第一……，第二……，第三……，第四……我们的业绩就会上来，成本费用也能降下去。"

这类管理者非常专业，通过充分的数据调研，获得市场反馈，找出具体的改进措施，直接告诉给下属。

第四种，过来人的组织绩效沟通模式。

比如："小吴，我告诉你，我也是从基层到主管一路走过来的，没什么大不了的，就那么回事，我那时候也压力大，来我告诉你怎么搞……我曾经在另一家企业就是这么干过来的。"

这类管理者倚老卖老，给下属传递感同身受，同时直接给予自己过往的操作经验，向下属炫耀"我就是这么爬上来的"，对自己的建议非常自信。

第五种，让对方参与的组织绩效沟通模式。这个沟通模式分为四个步骤。

第一步，明确问题。

找一个比较轻松的场景（室外散步或会议室都可以），谈清楚具体问题，并对下属的压力进行共情。比如："小吴，过来，我有个重要的事情跟你聊一聊。这个季度已经过去一半，我看过整个的业绩报表，离我们的绩效目标，销售额还差不少，费比超标了不少，压力大呀！我有压力，你作为主管肯定压力更大。"

第二步，传达清晰目标。

明确达成绩效目标必须要做什么，销售额要完成多少。比如："小吴，接下来一个半月，我们要完成500万元的销售额，同时费比投入要降低三个百分点，才能完成这个季度业绩。"

第三步，凸显对方的重要性。

凸显对方的身份对目标实现的作用，强调重要性和必要性。比如："小吴，你是负责华东区域的经理，这个区潜力最大；你这个区域对达成我们业绩目标非常关键，我们一起来达成目标。"

第四步，让对方提出一个实现指标的方案。

让对方去做方案，约定时间一起探讨，关键是让对方拿出具体的方案和对策。比如："小吴，关于提升销售额，关于降低费比投入，你来拿一个方案。我们明天下午三点钟在会议室一起探讨你提交的方案，可以吗？"

通过这个沟通过程，管理者会达到以下目的：让下属知道，只有拿出方案和对策，才有资格获得领导的支持；让下属承担起自己该承担的责任，有承担企业才有发展，有承担才有成长；让下属贡献智慧。因为领导即使是专家，即使有经验，也可能错过变化中的资讯和市场环境，只有下属才最清楚自己区域的现实情况，所以要用好下属的眼睛和脑袋。最重要的是这个智慧是他贡献的，背后代表着他的责任和荣耀。完成了绩效目标，成就感会驱动他做事情越来越有干劲，继而积累经验、提升能力。

了解了这五种对话模式之后，你也就明白如何开展一次有效的绩效沟通了。有效的绩效沟通不但给管理者和下属提供了充分的展示舞台，还允许管理者能围绕员工的工作目标和具体的工作任务来展开沟通。绩效沟通是公司中一个非常重要的环节，合理运用绩效沟通方式可以提升员工的工作效率和工作满意度，促进组织的发展。人力资源在绩效沟通中扮演着重要的角色，需要根据员工的个性化需求，选择适当的沟通方式，并建立良好的沟通渠道，以实现双方的共赢。

能力培养将成为组织绩效管理主题

组织绩效管理的过程通常被看作一个循环，这个循环分为四个环节，即绩效计划、绩效辅导、绩效考核与绩效反馈。绩效管理强调组织目标和个人目标的一致性，强调组织和个人同步成长，形成"多赢"局面；绩效管理体现着"以人为本"的思想，在绩效管理的各个环节中都需要管理者和员工的共同参与。

理论上，绩效计划结合组织战略，在内外部环境的框架下将目标和行为进行关联，同时对组织绩效管理的框架和体系进行完善，确保运行流畅，在合适的周期内进行干预，实现对行为的校准，以满足预定的目标需求，在期末对结果进行评估，实现奖惩。这种管理的框架主要是考虑动机期望的影响，在既定的目标指引下，鼓励组织期望的行为，惩罚不符合期望的行为，从而实现目标。

当然，这是一种理想，因为动机不是成果实现的唯一条件，人也不是完全的理性人，在工作中，投入收益的分析，也不完全是建立在经济分析之上。

如果你面对的是一只鸭子，无论你如何激励它，它都很难上树。赶鸭子上架式的绩效管理效果自然不好，鸭子的优势从来都不是爬树，而是游泳。如果你面对的是一只猴子，爬树是它天生的本领，如果你考核指标是爬树的速度，奖励的依据却是过程中的动作规范性，耍猴式的绩效管理很快就会让猴子不擅长爬树。如果你面对的是一只蜗牛，它可以上树，但它上树的能力弱，每一次考核，它都难以取得优异成绩，不对它进行能力提升的培养，绩效管理注定问题永远存在。

现在的组织绩效管理，多数都存在以上问题，但更突出的是赋能上。目标一旦确定了，需要匹配对应的资源能力，能力与目标的匹配，是组织绩效管理的前提。但组织能力要素的改进最终要通过人来实现，从这个角度而言，员工能力改进依然是组织绩效提升的源泉。

组织绩效管理始终在追求员工能力的不断提升，这一点更多地体现在组织绩效管理各个环节的沟通中，尤其是在绩效反馈阶段。组织绩效反馈阶段最主要的目的在于引导员工实现改进，确认组织或员工工作绩效的不足和差距，查明产生的原因，制订并实施有针对性的改进计划和策略，不断提高员工竞争优势。

在面谈反馈前，很重要的一项工作是确认和分析工作绩效差距。具体包括目标比较法、水平比较法和横向比较法。

目标比较法就是将员工的实际绩效结果与计划目标进行比较，判断是否存在差距。

水平比较法主要是通过绩效规律判断员工是否存在差距，比如与同期历史业绩进行比较等。

横向比较法则是在成员之间进行横向比较，但这个比较一定要严格按照某个既定标准进行比较，绝不能进行人与人之间的综合比较，否则会引发一系列管理难题。

如果确认员工的实际完成绩效存在差距，就要分析员工绩效差距产生的原因，比如企业外部环境、企业内部因素、个人体力条件以及心理条件等。很多因素不是员工主观努力就可以改变的，绩效差距分析主要是寻找导致绩效不佳的能力弱项来进行改进的，通常来讲，可以从知识、技能、态度和外部障碍等方面进行分析。首先，判断员工是否具备解决问题的知识与技能；其次，判断是否存在有不可控制的外部障碍，员工对待工作是否有正确的态度和自信心。知识和技能的不足是发展问题，需要帮助员工改进和提升，而态度和外部障碍的问题则是管理的问题。两类问题的解决策略完全不同，如果存在外部障碍，应该先在本人权限范围内，最大限度地排除它们，或尽可能减少其影响。如果存在态度问题，必须在解决发展问题之前解决态度问题。态度问题不解决，所有的预期变化都不可能发生。一定要注意，不能用解决发展问题的方法来处理管理问题。

下篇 组织绩效管理的实战与落地

第七章 设计组织绩效管理指标

组织绩效指标的初步设计

组织绩效是分层分级的各个部门的绩效,承接着企业战略,每个组织都要承接上一级组织的目标,并作为下一级组织的目标输入。组织绩效管理第一步就是要设计组织绩效指标。

1. 组织绩效指标及目标的来源

(1)源于企业战略解码。在目标制定过程中,共有两类目标:一类是在经营模式没有改变的前提下,基于历史延长线改善的目标,叫年度经营目标;另一类是面向未来要做的破局型目标,可能是第二曲线或者新的机会点。

(2)源于责任中心定位。每个部门都有一个责任中心定位,该中心可以从区域维度、产品维度、客户群维度等维度来定义,比如利润中心、收入中心和成本中心。责任中心的定位决定着部门的考核指标要求,如果是利润中心,就要考察利润以及一系列的相关利润指标;如果是收入中心,就对收入进行考核;如果是成本中心,就考核成本费用。原理有两个:一是部门的职责定位产生指标，二是流程要求。

（3）源于各部门业务短板的改进需求。管理永远都是要抓短板，公司短板或部门管理的诉求就是该部门组织绩效的重要输入。

2. 指标的三大分类

一般可把组织绩效的目标分成三类：战略目标、经营目标和管理改进目标。其中，战略目标是针对机会点展开的，更强调突破性布局。经营目标是年度正常的历史延长线做改善的目标。管理改进目标就是，内部管理要改进的目标。在公司这三类可以分别对应三类预算：战略预算、经营预算和人力预算。

三类预算的资源匹配和管理方式都不同，考核方式不同，对应的激励方式也不一样。所以，从目标到激励是一脉相承的。

指标共分为三类：考核指标、监控指标和红线指标。这里，考核指标是一定要考的、强管控的；监控指标虽然不考核，但默认不能比以前差，即使考核指标得100分，监控指标却比去年恶化了，最终考核成绩也要下调；红线指标不会写在考核指标里，但所有的红线指标都是一票否决项，表示不能出现这种情况。

3. 指标权重的设计

绩效指标的权重是对各项指标重要程度的权衡和评价，不同的权重会形成不同的评估结果。绩效指标的权重分配在一定程度上反映了企业在绩效领域的重心分配，能体现出企业的价值导向，对员工的工作行为有一定的导向作用。因此，在设计绩效指标权重时，管理者应充分体现企业的战略目标。

首先，指标权重的确定突出了绩效目标的重点要项，不仅向员工指明了工作重点与努力方向，而且在进行考核时，也为被考核人员指出了考核重点，避免避重就轻，导致考核结果不能如实反映考核对象的工作情况，出现考核结果不公平的现象。

其次，考核指标的权重在一定程度上显示了企业的战略导向与价值观念，对整个企业的发展都有重要的引导作用。

最后，考核指标的权重分配在一定程度上也体现了企业的文化与制度，最终也将影响企业文化的建设与发展。

绩效指标的权重设计，基本上会根据具体岗位的工作性质和内容而有所不同，一般应遵循下列原则。

（1）平衡分布原则。一般而言，基层工作岗位的绩效指标在5～10个，每个指标的权重设定在5%～30%，不能过高或过低。如果某一项指标的权重过高，员工在工作中就会特别关注高权重指标，而忽视其他低权重指标；如果权重过低，就不会引起员工的重视，这个指标就会被忽略，在评估中也就失去了它的价值。而且，为了便于计算和比较，指标权重一般都是5%的整数倍，最小为5%。

（2）导向原则。从企业角度来讲，绩效考核指标的权重设计要体现出企业战略的发展方向，与企业战略目标相关度越高的权重越高；对企业战略目标支持性高的权重高；综合性强的权重高。

（3）岗位差异性原则。从岗位层级上来说，越是高层的岗位，其绩效指标中的财务性经营指标和业绩指标权重就越大；越是基层的岗位，其绩效指标中与岗位职责相关的结果性指标权重就越大，相反，流程类指标的权重就比较小。

（4）重点突出原则。根据帕累托法则，也就是著名的"二八原则"，一般一个岗位最重要的指标只有 2～3 个。如果有 2 个，那么每个重要指标的权重都在 30% 以上，其余指标的总和应低于 40%；如果有 3 个，那么每个重要指标的权重一般在 20% 以上，其他一般指标的总和应低于 40%。

（5）先定量后定性原则。对一般岗位而言，根据指标"定量为主，定性为辅，先定量后定性"的制定原则，一般优先设定定量类指标权重，而且定量类指标权重一般大于定性类指标权重。

（6）主观意图与客观情况相结合的原则。考核指标权重反映了考核者和企业对员工工作的引导意图和价值观念。当他们觉得某项指标很重要，需要突出它的作用时，他们就必然给该指标以较大的权重。但现实情况与人们的主观意愿往往不能完全一致，因此，在设计权重时，必须同时考虑现实情况，把引导意图与现实情况结合起来。

在了解绩效指标权重设计原则的基础上，还是要选择合适的权重设计方法，制定具体的绩效指标权重。常用的权重设计方法有主观经验法、等级排序法、权值因子法及德尔菲专家咨询法。

总的来说，在设计指标权重时，还应注意灵活性。权重应该根据企业实际情况的变化而变化，要以企业经营节奏为依据，劲往一处使，才能饱和攻击，实现突破。企业要沿着目标解码设定企业的结果性指标，沿着流程环节来管控过程指标，沿着组织分工来明确责任主体。把三者结合起来，才能解决组织绩效指标的设定问题。

组织绩效目标体系的设置

绩效管理首先要假设组织战略既定,没有战略,绩效管理就没有方向。组织从战略出发,将战略目标横向分解到边、纵向分解到底,基于时间跨度,就能建立起组织的目标体系。

绩效目标的设置过程是组织通过目标分解建立组织协同的过程,包括目标、任务和时间上的协同;组织目标设置过程也是战略解码的过程,组织往往会通过目标的分解将组织战略落实到每个流程、部门、团队和岗位。

1.组织绩效目标体系的内涵

要想建立完整的组织目标体系,组织绩效目标可以从目标的层次、时间、内容、形式、要素等方面进行设置,如表7-1所示。

表7-1 组织绩效目标体系的设计要点

维度	内涵
层次	组织部目标、团队目标、岗位目标
时间	长期目标、中期目标、短期目标
内容	结果目标、过程目标、能力目标
形式	数量目标、质量目标、成本目标、时间目标
要素	衡量指标、目标值、权重、评分规则

组织应先从战略出发,制定组织层面的长期、中期和短期的结果、过程和能力目标,确定各目标在数量、质量、成本和时间上的要求,并明确

其衡量指标、目标值、权重和评分规则；然后，逐级向下分解为团队目标和岗位目标，建立完整的组织目标体系。

2. 绩效目标体系建立的步骤

组织目标体系的建立可以遵照以下 6 个步骤。

（1）前期准备。组织一般都是通过会议的方式制定组织目标的。在会议正式召开之前，组织要首先做好资料、人员和时间上的准备，如表 7-2 所示。

表7-2　组织目标体系建立的前期准备

内容	说明
资料准备	组织战略资料，包括组织的使命、愿景和战略描述等；组织现状资料，包括组织上年度的经营情况、各业务板块的发展态势、组织在各主要职能与人才方面的优势与不足等；历史业绩资料，包括过去几年结构化的业绩数据、业绩分析、主要战略措施及其成效等；外部环境资料，包括经济环境分析、市场环境分析、竞争对手分析等
人员准备	所有高层领导、财务部门负责人、人力资源部门负责人、业务板块负责人，以及其他职能部门领导，均应参与组织目标设置会议
时间准备	组织目标设置会议一般需要2～3天时间，须提前确定日程，确保主要参会人都能参与

（2）建立组织目标。第一，在制定组织目标之前，组织应对其使命、愿景和战略展开讨论，由主要领导对战略进行解读，并通过研讨与所有成员达成战略共识；第二，基于战略确定组织当年的主要发展目标，或制定未来三年的发展目标，并在每年进行滚动调整；第三，借助鱼骨图、价值树、战略地图或 BEM 模型等分解组织战略和目标达成的驱动因素；第四，在各驱动因素上建立组织的目标体系。

（3）建立流程目标。建立战略驱动因素和组织目标与组织业务流程及支持流程相关联，进行流程诊断与分析，提出流程优化目标，包括优化流程、优化内容、优化方式、优化后的状态、优化的时间进度等。

（4）建立部门目标。依据战略驱动因素、组织目标、流程目标、部门职责、部门关键任务和改进重点等建立部门的目标体系。组织基于部门主要职能，建立战略驱动因素、组织目标和流程目标与部门的关联，高层领导分别与各部门负责人共同制定各部门/团队在支撑组织与流程目标方面应完成的目标；同时，部门负责人基于自身职责、关键任务、改进重点等，补充完善部门目标体系。

（5）建立岗位目标。各部门领导依据部门目标、岗位流程责任、岗位工作职责、重点任务和改进需求等分别与岗位任职者沟通，共同建立岗位目标体系。

（6）建立目标承诺。建立了组织到岗位的目标体系后，还必须建立目标反馈机制与奖惩机制，并通过逐级签订目标责任书的方式，建立上下级之间的目标承诺与激励承诺，比如组织层面开展部门级以上人员的目标责任书签订仪式，部门开展部门内人员的目标责任签订仪式。目标责任书签订后，组织可以将组织的目标体系通过公开渠道传达给组织内的所有人。

组织绩效价值结构的梳理

关于组织绩效价值结构的梳理，我们以实体连锁店的绩效价值结构梳理为例进行说明。

第一步，明确连锁店的价值流程。连锁店最顶端的产生价值的流程是顾客来到店里购买商品。通过多名顾客到店或一名顾客重复到店产生的购买量，给连锁店提供销售额，产生价值。

第二步，总结价值流程中的关键控制点。关键流程中有几个核心：要有顾客，客流要大；顾客到店后，形成有效的购买行为，也就是成交率高；顾客购买的商品最好足够多，也就是客单价高；之前购买过商品的顾客，最好可以形成重复购买。

第三步，画出价值结构图。根据第二步中的关键控制点，画出价值结构图。

第四步，设置绩效指标。通过价值结构图的梳理和绘制，人力资源部门就能清晰地看出连锁店最顶层的价值结构是如何形成的。对于线下实体连锁店来说，要形成最终的销售额，也就是价值创造的来源，离不开客流量、成交率、客单价和重复购买率等四项指标的支持。只要三项不变，任何一项提高，连锁店的销售额都能有效提升，即有效地完成价值创造。

注意事项包括如下两个方面。

1.具体情况分别对待

为了让绩效指标更聚焦，绩效管理者在画价值结构图的时候，可以不画重复购买率这一项。因为这项指标的影响非常小，可以忽略不计。但如果实体店销售的商品属性不属于慢销品，顾客可以有一定的重复购买行为，但如果实际经营状况不好，没有形成顾客大量的重复购买，就应当将这项指标列出来，作为绩效指标，成为下一步要改善的重点项之一。

2.关键指标优先顺序

四个关键指标中的重要性和优先顺序不一样。客流量是第一位，因为有了客流量，才可能产生后面的三项指标。这也就是很多销售人员入职后，销售经理会让他们先寻找潜在客户的原因。有了潜在客户，才可能成交；有了潜在客户，才可能引导其购买更多的商品，从而提高客单价；随着潜在客户增多，重复购买率自然就增加了。

组织绩效指标权重与目标的设置

1.组织绩效考核指标选取

组织绩效考核指标的选取，在考核的方向和结构上都给了要求和引导，要继续明确的是组织考核指标的权重和目标值。

（1）权重是优先级与责任分配。权重的分配需要从几个维度综合思考：对业绩的影响程度、战略的贴合程度、工作任务的优先顺序、阶段内重点导向程度、对结果影响的责任高低等。通常，财务维度的KPI权重占30%~45%，客户维度的KPI权重占20%~30%，内部运作维度的KPI权重占20%~30%，学习与成长维度的KPI权重占5%~15%。

权重的高低是优先级排序的直接呈现，但同时还需多指标综合表现。对于不常发生但必须重点警示的维度，可用否决项进行，不占权重。如果出现了问题，就在整体指标得分的基础上进行扣减。对于重点临时发生的未列入考核的指标，也可设置班子成员加分项，说明情况后，在整体绩效指标得分的基础上进行增加。

（2）目标值是努力程度与要求。指标的目标值设置，是回答一项指标做到什么程度，并相应得出在不同完成程度下的指标得分。

对于定量指标而言，如果做好了预算的设定，则可划分为目标实现的底线值、达标值和挑战值。通常底线是最基本的业绩保障，低于底线，就代表组织的表现未满足基本要求，这个线可以是预算达标值的 60%～80%，跟预算本身的松紧度关系较大；达标值是在正常策略分解并达成管控要求的情况下能够完成的战略目标，一般是预算值的 95%～105% 的部分；挑战值是超出了企业战略预期的表现，一般是达标值的 120% 及以上部分。

对于定性指标而言，设定目标的时候，应本着 SMATR 原则，将指标完成的具体标准、衡量方式、实质性、时效性和关联性等，做出明确阐述，明确做什么事情、做到什么程度、达到什么效果等才是满意的。因此，设定组织绩效各指标的目标值时，需要被考核的组织、上级部门和相关专业部门对业务情况足够熟悉，有深刻理解；要从企业战略资源导入、外部行业发展趋势、企业竞争对手的表现、企业内部同类型业务的表现、本部门过去延长线时间内的表现等维度综合考量，保障指标设置的合理性。

2. 绩效考核的指标数量和权重的确定原则

绩效考核的指标数量和权重，是让多数初次从事人力资源管理工作的基层管理者头疼的问题。例如，绩效指标的数量，最好设置 5 个、8 个还是 10 个？再如，指标权重的分配，定量指标和定性指标的权重设置分别占比多少合适？核心指标和非核心指标的权重设置分别占比多少合适？其实，这些问题都没有标准答案，需要根据企业的实际情况来制定，但我们仍然能从中找到一些基本规律。

（1）数量以5~8个为宜。指标数量太少，就不足以全面反映该部门或岗位的功能和职责；指标数量过多，还可能造成考核重点不聚焦、不明确等问题。从指标权重的角度来看，指标数量过少，意味着每个指标的相对权重更大，即使在指标设置已经很精准的情况下，仍然会让考核结果过于依赖于某项指标的完成情况，一旦内外部环境出现剧烈变化，原有"精准"的指标就会偏差过大，对整个部门或某个岗位员工的绩效产生影响。从某种意义上讲，这样的考核是失之偏颇的。同样，指标数量过多，意味着每个指标的相对权重降低，难以反映企业对于部门或岗位核心指标的考核。因此，5~8个指标是相对合理的数量区间。

（2）尽量实现定量与定性相结合。一般而言，企业设置绩效考核指标时，都会考虑指标类别的多样性，有的企业甚至会强制要求必须实现定量加定性的指标设置方式。能量化的尽量量化，是企业管理者经常挂在嘴边的一句话，因为设置定量指标，企业管理者就可以尽可能地降低人为因素对考核结果的影响和干扰，体现考核的客观性。

控制组织绩效管理的误差

组织绩效管理涉及的要素主要包括组织战略、绩效目标、绩效指标、绩效计划、考核方式、考核结果、结果反馈与应用、管理流程和责任主体。其中，管理流程与责任主体在实践中经常会出现偏差，如绩效管理流程不完善，绩效责任主体无法有效承担相应的管理责任，容易步入组织绩效管理的误区。

1. 组织绩效管理是人力资源部门的责任

组织绩效管理通常是作为人力资源管理的二级模块存在的，在具体实践中，多数企业也会将绩效管理职能归于人力资源管理部门。人力资源管理部门却不认同这种做法，认为自己只是组织绩效管理的组织者或实施者，承担不了整个组织绩效管理的责任。其实，人力资源的这种认知是正确的，因为即使有的组织成立了绩效管理领导小组，或将绩效管理职能归于企业管理部门或运营管理部门，而仅将绩效管理的组织工作，甚至仅是绩效考核的组织工作纳入了人力资源管理部门，也只是组织绩效管理工作的组织者，而不是组织绩效管理的唯一责任主体。

对组织绩效管理责任主体的误解，主要源于组织对绩效管理职能的重视不足。在组织管理各领域中，绩效管理应当是与战略、研发、营销、财务、人力资源处于同一水平的重要职能，但很少有企业会成立专门的部门去承担绩效管理责任，也未能将绩效管理责任明确地分配给相应的人员，结果人人有责却无人担责，组织绩效管理成了"放羊"，主要靠自觉管理。如此，有效落实组织绩效管理责任，让所有相关责任主体积极担责、自主管理，也就成了组织绩效管理面临的一大挑战。

2. 组织绩效管理就是组织绩效考核

组织绩效管理与组织绩效考核的区别虽已清晰界定了20多年，但实践中依然存在将两者混淆的情况。很多高层管理者未建立完整的绩效管理意识，下意识地将绩效管理理解为绩效考核；有很多企业缺少系统与规范的绩效管理体系，有的只是年底发布个通知开展一下绩效考核，有的甚至连绩效考核都不做，绩效管理更无从谈起。

绩效管理一般包括P（Plan绩效计划）、D（Do绩效执行）、C（Check绩效评估）、A（Action结果应用）四个阶段，组织通常更重视C，而忽视P、D、A。很多企业在绩效考核阶段投入了大量的人力、物力，考核体系设计得越来越精密，力求全面、客观评价每分价值贡献。但与绩效考核阶段相比，组织在其他三个阶段投入的精力相对较少。很多组织对制订年度目标与计划不够重视，可能开两天预算会就定下了当年的经营目标，有时甚至靠领导拍脑袋进行决策，目标缺少权威、承诺和指导价值，至于组织目标是否有效分解到部门或岗位则很少人关心，能够根据目标制订工作计划的更是少之又少。

管理者在绩效执行阶段缺位的现象比较严重，因缺少相应的意识、能力和意愿，很多管理者做不到持续跟踪下属的工作进度，及时纠正下属工作的偏差并提供有效的指导与支持等。无论绩效考核结果好坏，组织在向被考核者进行反馈时都不够及时和全面，甚至直接不做。

组织也存在未按照绩效考核结果进行人力资源管理决策的情况，干多干少一个样，甚至会干的不如会说的现象也普遍存在于组织之中；能够定期召开经营检讨会议的组织也比较少，且业绩不佳时多数找客观原因，而非客观分析问题根源并找到解决办法，绩效改进方案与效果也很不理想。

3. 追求新的组织绩效管理方法

现行的组织绩效管理方法很多，但每个方法都有其优势、劣势和适用性，最佳的组织绩效管理解决方案是不存在的，而且不同的绩效管理方法之间并不相互排斥，那些能够吸收其他方法优势的反而更具生命力。然而在管理实践中，却存在一种赶时髦的现象，大家蜂拥而上学习或引进当下标杆企业的绩效管理工具，每隔几年就会形成一波新的潮流，并把上一个方法遗弃，KPI（关键绩效指标）如此，BSC（平衡记分卡）如此，OKR（目标与关键成果法）也如此。

新潮的组织绩效管理方法能够流行大概有四个原因：一是优秀的世界级企业在使用这些工具；二是很多老板看不起管理的常识，不断追求高大上的管理；三是部分人力资源管理领导需要证明自己的价值，且在企业绩效不佳时还想"甩锅"给其他部门；四是有些老板病急乱投医，期望借助这一管理方法推动企业变革和发展。总之，很少有人关注新的管理方法是否真的好用。

事实上，新的绩效管理方法对于多数企业都不适用，这和工业革命时期的企业不应当打造平台型组织的道理是一样的。绩效管理是一项系统工程，不是靠某套方法就能做好的，其背后需要组织、战略、文化、流程、能力等各方面的支撑。新潮的绩效管理工具一般都源于全球标杆企业的实践，它们的企业文化、组织设计、发展阶段、管理基础、人才状况等都是多数企业无法比拟的，但我们可以总结学习它们在不同发展阶段的成功经验。

第八章 制订组织绩效计划

组织绩效计划的作用

绩效计划是一项非常重要的管理工具，旨在帮助企业明确员工的工作目标和预期表现，以便更好地衡量和评估员工的表现。从表现形式上看，组织绩效计划主要包括工作计划和绩效指标。但在企业管理实践中，组织绩效指标是绩效计划的主要表现形式和主要内容，是制订组织绩效计划的关键和重点。

1. 制订组织绩效计划的主要内容

就企业整体而言，绩效指标不是孤立零散的，而是一个具有层次性、内在逻辑关系的指标体系。完整意义上的组织绩效计划不仅包括绩效目标，还包括绩效标准、绩效评估方法、绩效奖励和激励措施、绩效反馈和改进，以及绩效管理流程。

（1）绩效目标。绩效计划应明确组织、团队或个人的绩效目标，这些目标应与组织的战略目标和业务需求相一致。绩效目标应该具有可衡量性、可达性、相关性和时间性，以便对绩效进行评估和反馈。

（2）绩效标准。绩效计划应明确评估绩效的标准和指标，包括定量和定性的指标。这些绩效标准应该清晰、公平、客观，并能够为评估员工的绩效提供有效的依据。

（3）绩效评估方法。绩效计划应明确评估员工绩效的方法和程序，包括评估的时间、评估者、评估工具和评估流程等。评估方法应当科学、公平、透明，以确保绩效评估的公正性和准确性。

（4）绩效奖励和激励措施。绩效计划通常包括奖励和激励措施，以激励员工在达成绩效目标时获得奖励和回报。奖励和激励可以包括薪资增长、奖金、股权、福利、晋升等，应该根据绩效水平的高低和贡献的大小进行合理设定。

（5）绩效反馈和改进。绩效计划应包括及时的绩效反馈和改进机制，以帮助员工了解自己的绩效水平，识别自身的优点和不足，并采取措施进行绩效改进。绩效反馈应该具有针对性、具体性、及时性，以促使员工在绩效改进上持续进步。

（6）绩效管理流程。绩效计划应包括绩效管理的全面流程，包括目标设定、绩效评估、绩效反馈、绩效改进、奖励和激励。绩效管理流程应该合理、高效，并与组织的管理体系和文化相一致。

2.组织绩效计划的主要作用

组织绩效计划作为工作目标和工作标准的契约，是绩效双方在充分沟通的基础上就绩效目标和绩效标准达成的一致认识，是对企业战略目标的细化和分解，是企业控制其战略目标落地并得以实现的主要手段。可以说，组织绩效计划就是企业战略目标的分解体系，其主要功能是支持和监控企业战略目标的实现。

科学高效的组织绩效计划，会发挥以下几个作用。

（1）指向作用。组织绩效计划具有明确的目标性，是保证企业绩效目标实现的基础，又能为组织指明努力的方向，明确组织的工作任务与目标。

（2）归正作用。组织绩效计划能明确地将企业的发展目标与团队发展结合在一起。

（3）前瞻作用。组织绩效计划能够帮助企业采取最适当的工作方法和途径，合理规避工作误区，提高工作效率。

（4）沟通作用。组织绩效计划的制订过程，为管理者与员工提供了交流沟通的机会，有利于构建友好、和谐的组织关系，创造融洽的工作氛围。

（5）导向作用。在制订组织绩效计划过程中，管理者与员工进行沟通，能够比较清楚地发现部门存在的问题，为组织绩效考核和培训提供重要的参考依据。

组织绩效计划的内容和分类

1.组织绩效计划的内容

计划是未来行动的蓝图，是为实现既定目标而对未来行动所做的统筹安排，是未来一切行动的指导性文件，为执行者提供了从当前通向未来目标的路线。

一般来讲，计划的内容既要涉及目标，也要涉及目标实现的具体方法；既要体现结果，也要体现过程，即为实现结果而采取的措施。组织绩效计划是企业实现战略目标的具体表现，是企业绩效管理的重要依据。企业需要制定符合企业战略目标的绩效目标，以确保企业各项经营活动的协调性和指向性。具体包括以下几个方面。

（1）业务目标。业务目标包括企业的销售目标、市场份额、产品质量等方面的指标。企业需要根据实际情况制定具体可行的业务目标，以保证企业的业务增长和发展。

（2）财务目标。财务目标是企业绩效管理的重要指标之一，包括企业的营收、利润、资产利用率、现金流等方面的指标。企业需要制定符合企业战略目标的财务目标，以确保企业的财务状况稳健。

（3）人力资源目标。人力资源目标是企业绩效管理的重要组成部分，包括企业的员工满意度、员工培训、人员流失率等方面的指标。企业需要制定符合企业战略目标的人力资源目标，以确保企业的人力资源发展和管理。

2.组织绩效计划的分类

组织绩效计划有不同的分类方法，常见的分类方法是按照时间划分和按责任主体划分。

（1）按时间划分。组织绩效计划可以分为年度绩效计划、季度绩效计划、月度绩效计划等。年度绩效计划可以分解为季度绩效计划，季度绩效计划可以进一步分解为月度绩效计划。季度绩效计划、月度绩效计划的制订分别以年度绩效计划、季度绩效计划为基础，同时还要考虑外部环境的变化以及内部条件的制约。

（2）按责任主体划分。组织绩效计划可以分为企业绩效计划、部门绩效计划和个人绩效计划。一般来讲，企业绩效计划可以分解为部门绩效计划，部门绩效计划可以分解为个人绩效计划；部门所有员工个人绩效计划的完成可支持部门绩效计划的完成，所有部门绩效计划的协调完成可支持企业整体绩效计划的完成。

3.绩效计划的重要性

（1）优化人力资源配置。绩效计划可以帮助企业更好地了解员工的工作表现和能力，从而更好地优化人力资源配置，提高企业的绩效表现和竞争力。

（2）激励员工积极性。绩效计划可以通过对员工的奖惩措施，激励员工的工作积极性和创造力，提高员工的工作效率和质量。

（3）促进员工发展和成长。绩效计划可以通过对员工的绩效评估和反馈，促进员工的自我发展和成长，提高员工的工作能力和职业素养。

绩效计划是企业实施绩效管理的重要工具，它涵盖了目标设定、绩效评估、奖惩措施等内容，具有优化人力资源配置、激励员工积极性、促进员工发展和成长等重要作用。企业需要通过科学合理的绩效计划，提高员工的工作效率和质量，从而提高企业的绩效表现和竞争力。

制订组织绩效计划的流程

组织绩效计划的制订，通常要经过以下流程。

1. 对组织绩效目标达成共识

组织绩效目标是组织绩效计划的起点，决定着组织绩效计划的内容和方向，所以组织在制订绩效计划之前，要对组织绩效目标达成共识。管理者需要向组织成员解释要实现的组织绩效目标和标准是什么以及组织提出这一绩效目标的原因，并要求成员以完成目标为导向。

2. 找出影响目标实现的关键因素

管理者与组织成员从组织内外部环境出发，讨论确定影响目标实现的关键因素，在各关键因素上组织可能存在的机会、挑战和限定条件等。比如经过讨论，企业认为影响公司未来人才储备的主要因素为招聘效率、薪酬竞争性和培训有效性。

3. 分析组织在关键因素上的现状与问题

盘点组织现有资源，分析组织在各关键因素上的现状、差距、优势、不足和可能存在的问题，为制订具体的工作计划做好准备。比如，公司分别分析招聘、培训和薪酬等现状：未来招聘任务量会大大增加，当前的招聘人员配备不足；公司招聘以社会招聘为主，但外部合作机构较少，缺少社交招聘和内部推荐等渠道；等等。

4. 拟订备选方案

根据组织绩效目标的要求，基于组织现状、资源和问题，拟订实现目标的可能方案，并详细说明各方案的优势与不足。拟订备选方案时，需要各级管理者借鉴过去的成功经验和外部标杆企业的做法，并充分发挥创造性。不过，考虑到时间与成本要素，备选方案并不是越多越好。

（1）招聘。公司可以选择整体外包、部分外包和自我发展三种方式。整体外包比较简便、快捷，不需要额外增加招聘人员，但费用较高，也无法控制外包质量；自我发展需要增加招聘人员，现有人员可能能力不足；部分外包具有一定的灵活性，但需投入一定的人力和物力。

（2）培训。企业可以通过咨询公司建立企业的培训体系或自建培训体系，也可以直接引进外部培训机构、自己培养培训师资或与外部机构联合培养；开发培训课程，也可以选择项目小组制或个人申报制；为了鼓励员工进行内部分享，也可以选择奖金、荣誉、积分等方式。

（3）薪酬。通过薪酬变革对所有人员涨薪或对关键人才涨薪。可以让外聘人员薪酬高于内部员工，或对内部员工采取补偿措施，如股权激励等；也可以选择事业合伙人计划，按照现有薪酬体系付薪酬。

5. 评估与选择实施方案

针对备选方案，组织讨论确定一套评估维度，赋予维度不同的权重，并建立不同的等级标准，由组织管理者就备选方案进行逐个评分，最终根据分数高低选定最终的实施方案。

比如，根据对人才需求的紧迫程度和企业能够承担的费用情况，可以选择四个维度，即有效性、经济性、简便性和所需时间，作为招聘、培训和薪酬备选方案的评估维度，赋予各维度相应的权重，设计各维度的等级标准和等级得分。

6. 确定关键任务与主要产出

组织对选定的方案进一步细化，明确该方案的关键任务与主要目标、时间进度、里程碑事件、主要产出、绩效标准、责任人及其在任务中的角色等。比如，某企业最终确定招聘时实行部分外包，范围包括企业总部员工、部门管理者和部门员工。选定这一方案后，人力资源部门对方案的主要任务和产出进行分解，并对时间进度做出预估。

7. 设计关键任务的进度安排

汇总组织的各项关键任务，安排各项关键任务的时间进程，制订组织绩效计划的整体进度，最大化组织的人员与时间效率。设计整体安排时，须对上一步预估的时间进度进行优化，以免出现某个组织过于忙碌或清闲的情况。

8. 编制总体预算

组织根据目标、实施方案和关键任务的要求，对实现该目标可能发生的人力和物力进行预估，编制计划总体预算。

9. 编制组织绩效计划

编制整体的绩效计划，并与相关责任人进行讨论、调整并达成共识，作为后期计划执行、跟踪和考核的依据。主要内容包括：介绍组织整体目标及要实现的绩效目标；对组织绩效目标的现状及差距进行分析；描述即将开展的主要方案，如具体的行动步骤、进度安排、里程碑、主要产出、责任人、绩效标准和费用等；提出可能存在的问题与解决办法等。

10. 制订分解计划

将整体绩效计划进一步分解，制订各个实施方案或关键任务的执行计划，最终将实现组织绩效目标的过程转化为每周或每日的工作事项。

组织绩效计划的最终目的是"拿结果"

企业的竞争越来越激烈，商业环境充满各种不确定，如果企业没有强大的执行力和高绩效的团队，就会落后于时代潮流，容易被淘汰。企业如此，团队也如此。企业要想打造一个高绩效的团队，离不开团队的管理，而对于团队管理者而言，"拿结果"说话才是最重要的。那么，如何才能"拿结果"说话呢？

1. 定目标

目标是团队的基础，也是目标的意义所在。没有清晰的目标，团队也就失去了存在的必要。确定一个好目标是管理者的基本功，也是凝聚团队的必要条件。

确定目标要明确以下3个要素。

（1）目标是否清晰和明确。目标一般都是从战略分解而来的，无论是自下而上的组织，还是自上而下的组织，从战略到策略的路径都要保持清晰，从策略到目标要保持一致。准确来讲就是，所要达成的结果是否一致，是否有明确的达成标准？设定清晰明确的目标，是对管理基本功的考验。目标设定是一个基础的能力要求，也是拿结果的前提，但只有管理者自己认同这个目标还不够,还要让团队认同。

(2)厘清目标背后的意义和价值。很多管理者对组织绩效目标的设定和分解都是物理层面的,你100万元,他200万元,模糊了目标背后的意义。举个例子:有家企业,高层制定了100亿元的年度目标,相较上年增长率翻一番,如果直接把目标公布并分解下去,有些人就会觉得目标太高、无法达成。他们领导是这样做的:让核心管理者一起参与定目标的思考过程,对于目标背后的意义和价值进行深度的交流和探讨。在这个过程中,大家了解到新的一年出现了新的竞争态势,企业要想持续发展,需要保持第一梯队的行业地位。之后,整个管理团队又做了详细的市调分析和讨论,最终决定将目标上调到110亿元。了解了目标背后的意义和价值,大家对目标也有了更加坚定的共识。

(3)确定绩效指标。确定目标后,就要把目标转化为组织绩效指标,要选择合适的考核方式,不能将组织绩效目标设定为一个值,而是设定三个标准:合格的指标是多少,达不成的处罚是什么;良好的指标是什么,达成的奖励是什么;优异的指标是什么,达成的额外奖励是什么。

好的组织绩效设定还涉及三个要素:目标、衡量标准和关键策略。绩效管理工具在市场上有很多种,企业应该选择哪一种绩效工具?实际上,不同的战略、业态和价值观,采用的绩效管理不一样。

2. 追过程

确定了目标后不能什么也不做只等结果,管理者要不断地检查进度,通过激励或辅导的手段帮助团队拿结果,追过程。

追过程,一共有四"追":追业务关键流程和指标、追工作习惯、追目标进度、追关键战役和战斗的跟进与复盘。这里，可以用质量管理的常用工具即戴明环（PDCA 循环）来追结果。

PDCA 是英语单词 Plan（计划）、Do（执行）、Check（检查）和 Action（实施行动）的第一个字母，PDCA 循环就是按照这样的顺序进行质量管理，并循环进行下去。

P，即 Plan，计划。包括方针和目标的确定，以及活动规划的制订。

D，即 Do，执行。根据已知信息，设计具体方法、方案和计划布局；再根据设计和布局，进行具体运作，实现计划中的内容。

C，即 Check，检查。总结执行计划的结果，分清哪些对了、哪些错了，明确效果，找出问题。

A，即 Action，实施行动。对结果进行处理，对成功的经验加以肯定，并予以标准化；对于失败的教训要引起重视；对没有解决的问题，应提交给下一个 PDCA 循环中去解决。

3. 拿结果

对于究竟要拿到什么样的结果，管理者应该有清晰的标准，同时对结果要有很好的衡量，比如年初定了一个 100 万元目标，最后做了 120 万元，只看数字，完成得还不错，如果这个结果里包含"运气"的成分，没有任何动作都可能得到好的业绩，那么就不能奖励运气，因为运气是不可控的，而良好的行为习惯是可以复制的，可以让团队取得更大的成功。

第九章　组织绩效的辅导

如何有效进行组织绩效辅导

组织绩效辅导是管理者指导和激发成员，帮助成员达成绩效目标的过程。

组织绩效辅导，主要包括日常辅导和中期审视。日常辅导是指在绩效执行过程中针对存在的问题，不拘泥于形式对成员进行辅导，包括技能辅导、资源支持、意愿激发；中期审视是指定期对成员进行绩效回顾、诊断和辅导，对他们的绩效事实进行记录，并提供改进建议、资源支持，帮助成员保持正确的绩效方向。

1.组织绩效辅导的好处

当企业不进行组织绩效辅导或实施了不恰当的组织绩效辅导时，员工的主观能动性和生产力就会明显下降，绩效结果也会持续下降；当实施了持续的绩效辅导，对员工的绩效提出了建设性的改善意见时，员工的绩效将大幅提高。

试想，领导给团队设定了组织绩效考核指标，在过程中不管不问，任由团队自己发展，团队的绩效发生了问题，领导也不知道，即使知道了，也不去帮助改善。那么等考核到来时，团队的绩效结果就不是领导想要的。

换一个角度，如果领导和团队一起制定组织绩效指标，和团队沟通了如何达成绩效指标的行动计划，帮助团队分析了可能存在的障碍及需要的资源，在过程中，领导又适时地与团队进行绩效沟通，把自己看到的事实以恰当的方式反馈给团队，让团队明白自己所处的位置，并及时做出调整。在这样的情况下，团队绩效定然不错。

（1）绩效改进。绩效改进通过分析员工的绩效考核结果，找出员工绩效不佳的原因；针对存在的问题制订合理的绩效改进方案，确保其能够有效实施。绩效改进可以帮助公司更好地了解员工的工作情况和能力水平，及时发现问题和瓶颈，提供有效的解决方案，从而提高绩效管理的效果。

（2）更牢固的关系。要想教导成功，就要有信任。组织需要信任领导者，他们需要信任领导者的理念。一旦团队和领导之间建立了信任，彼此的关系将更加牢固，最终实现更好的协作。

（3）更高的参与度。团队愿意接受个性化的绩效辅导，表明企业领导关心他们并愿意投资于他们的职业发展。因此，他们会感到有动力去提高绩效并为组织目标作出贡献。

2. 成员何时需要组织绩效辅导

组织绩效辅导是需要时机的，什么时间进行绩效辅导效果更好，需要管理者进行把握。

（1）当组织需要征求上级的意见时。例如，组织向上级请教问题或有了新点子想征求上级的看法时，就可以不失时机地对组织进行辅导。

（2）当组织希望上级解决某个问题时。例如，当组织在工作中遇到了障碍或难以解决的问题，希望得到上级的帮助时，上级就可以传授给组织一些解决问题的技巧。

（3）当组织发现了一个可以改进绩效的机会时。例如，当组织发现某项工作可以用另外一种方式做得更快更好时，就可以指导组织采用这样的方法。

（4）当组织通过培训掌握了新技能时。如果上级希望组织将新技能运用到工作中，就可以辅导组织成员使用这种技能。

3. 如何对成员做组织绩效辅导

（1）组织绩效辅导中的反馈技巧

反馈是组织绩效辅导中最重要的技能，如何进行反馈，决定了绩效辅导是否有效，决定了组织是否接收到上级的反馈信息并运用于工作中。

反馈包括正面反馈和负面反馈。正面反馈的要点是：让组织知道自己的表现达到或超过对自己的期望；让组织知道自己的表现和贡献得到了认可。反馈的出发点是帮助组织改善绩效，因此成员可以通过恰当的语气和姿态让组织感受到。正面反馈要求必须真诚、具体。负面反馈的要点是：要具体地描述下属的行为、描述这种行为所带来的后果，并探讨下一步的做法。负面反馈要求必须耐心、具体、客观、准确、不指责，描述相关的行为（所说、所做），对事不对人，描述而不是判断；同时，提出建议及这种建议的好处。

（2）组织绩效辅导中提问的技巧。组织绩效辅导中，如何提问也是很重要的。高效的上级会通过提问题，帮助组织思考，让组织自己找答案。下面是一些提问的技巧。

①当组织没准备好听取回答的时候，不要提问。提问时，必须尊重得到的任何回答，且不要有过激反应。

②以"为什么"开头的问题容易让人们产生防御心理，可以用不容易引起防御心理的说法来代替"为什么"这个词。比如，与其说"为什么你们团队成员经常迟到？"倒不如试试"你们团队成员是不是遇到了什么问题？"

③不要用问题来间接表达你的意思，否则会让组织觉得带有操纵性，给人以屈尊的感觉。

④避免复合问句。复合问句包含几个部分，实际上是几个问句合在一个句子里。复合问句很让人困惑，容易得到低质量的回答。把几件事情分开，可以让问题变得简单详细。

⑤组织成员回答问题时，不要打断他。如果对方的回答过火，完全离题了，或带有侮辱和污蔑性质，就可以打断他，并重新调整谈话的重心。

4.组织绩效辅导中纠错的技巧

组织绩效辅导中，帮助成员分析问题，找出问题根源，并提出解决方案，是领导必备技能。这里，给大家介绍"五分钟为什么"法。

所谓"五分钟"就是，针对组织出现的问题，连续问为什么，成员提出一个解释，就问一个为什么，直到不能问为止。不过使用这个技巧的时候，要提前和成员说明，告诉他们采用这种方法并不是为了追究责任，而是让问题能够更好地得到解决。

常见的组织绩效辅导形式

组织绩效管理体系应该建立组织的日常及定期绩效辅导机制,上级领导主动且及时地为组织提供绩效辅导,帮助完成团队绩效。但在组织绩效管理过程中,最容易忽视的环节就是组织绩效辅导。

1. 不同的组织绩效辅导方法

(1)面谈方式上。在面谈方式上,要将正式面谈与非正式面谈相结合。正式面谈一般是管理者通过正式会议的方式与组织成员进行面谈,组织绩效考核结果、改善计划工作等内容应当在正式面谈内提出;非正式面谈如谈心、吃饭等放松场合更适合抚平成员情绪,拉近上级与团队的距离,增加组织对领导的信任。

(2)语言表达上。首先,管理者要用客观、描述性的语言,如用"你们小组提交的报告有三处错误"而非"你们太粗心了,提交的报告有好几处错误"。接着,要论事,不要把对成员的印象或评价带到现有事件上来,如"你们小组经常……"等语言。在沟通过程中,领导者要注意语言表达的技巧和方法,充分考虑组织成员的感情和面子问题,否则组织成员会产生抗拒心理,影响其改进工作的积极性。

2. 组织绩效辅导方式的选择

(1)情境式辅导。情境式辅导是根据组织成员的不同发展情境,采取针对性的辅导策略。使用情境式辅导，有两个关键步骤。

步骤一，识别组织成员发展情境。

①高意愿者特征。满怀工作热情，态度积极主动，渴望并乐于学习；知识、经验和技巧方面却存在不足；需要有关工作方面的知识和技能训练，以及获得上级的工作反馈。

②低意愿者特征。几乎不需要监督就能独立解决问题；有良好的工作能力和经验；工作不太积极主动，甚至有时会对之前的工作感到厌烦。

③高绩效者特征。有着很强的工作能力，甚至是团队中的专家角色；有着持续稳定的优秀绩效表现；是核心骨干和高潜人才，更是顶梁柱；需要更大的舞台和影响力。

④低绩效者特征。对工作热情逐渐消失，态度也不积极主动；工作能力不足，常常遭遇挫折和失败，导致意愿不高且能力不足；需要清晰地改进目标和鼓励，以及经常性的成果反馈。

步骤二，实施辅导开展行动。

①对低绩效者的辅导方法：制订绩效改进计划；双方共识在限期内达成绩效；双方共识在期限内达不成绩效的予以淘汰。

②对低意愿者的辅导方法：加强沟通频次并给予关心和鼓励；帮助提升认知并促其改变行为；一段时间内仍未改变的降职降薪，直至淘汰。

③对高绩效者的辅导方法：教练式辅导，激发更大潜能；授权式管理，给予更多空间。

④对高意愿者的辅导方法如下：直接告知怎么做；加强培训和反馈。

（2）教练式辅导。教练式辅导是一种双向的、持续的沟通过程，不用直接告诉组织"你该怎么做",而是通过观察、提问和探讨,激励组织发现问题以及解决方法并跟踪改进。

教练式辅导的步骤如下。

第一步,确定目标。用教练对话帮助组织厘清绩效目标;通过一系列的启发式问题,找到绩效目标背后的目的和意义。

第二步,澄清现状。围绕目标搜索相关信息,澄清现状;鼓励组织描述而不评判,发现真问题。

第三步,选择方案。用提问激发组织想出更多的解决方案;帮助组织最终找到最佳解决方案。

第四步,行动计划。与组织一起商讨行动计划;询问组织所需要的支持和帮助;感谢组织并表达对组织的信心。

3. 组织绩效辅导

(1)日常组织绩效辅导。

①具体指示型。对完成工作所需的知识及能力较缺乏的组织,给予较具体指示型的辅导,将做事的方式分成一步一步的步骤传授并跟踪完成情况。

②方向引导型。对具有完成工作的相关知识及技能,当遇到特定的情况不知所措时,让组织给予适当的指导。

③鼓励型。对具有较完善的知识及专业化技能的组织给予一些鼓励或建议。

(2)定期绩效辅导。

①辅导内容。定期通过会议等形式回顾组织绩效计划完成情况、实施

中的问题，需要提高的能力以及提出改进措施。

②辅导频率。每月度定期对组织绩效进行回顾。

③辅导方式。在每月的第一周，上级和组织约定时间和地点，采用面对面的形式，根据本月度的工作开展进度实施监控和指导。

（3）绩效辅导应注意的问题。每次组织进行绩效指导时需要有明确的议题；需要记录组织绩效指导发生的背景或关键事件，如重点要提高的工作事项；记录指导中的要点，如被指导人的想法以及指导人提供的反馈意见；上下级达成的行动计划以及所需的资源要求。

组织绩效辅导的实用操作技巧

绩效管理的目的是什么？是"成事"和"达人"。而绩效辅导最重要的是要帮助员工的成长，通过"达人"来促进"成事"。那么，绩效辅导的关键环节是什么？

绩效辅导的三个关键环节：绩效辅导准备、绩效辅导沟通、绩效辅导追踪。

（1）绩效辅导准备。在组织绩效辅导之前，应收集相关信息，并预测可能出现的问题。辅导期间，要选择合适的辅导方式，确定辅导时间和辅导地点。之后，要让组织知道你对他们又进行了绩效辅导。

（2）绩效辅导沟通。组织绩效辅导沟通应注意两个关键点。

①辅导者与被辅导者进行讨论。共同找到问题之所在，问题不是你自

己给他指出来的，一定要给他进行讨论，让他参与，坦诚地讨论。

②要制订具体的、有效的行动计划。发现问题之后，就要制订相关的改进计划，且必须是可行的、有效的，切勿好高骛远。

（3）绩效辅导追踪。组织绩效辅导的追踪，就是要关注组织的执行情况。首先，真实收集和记录数据，才能在追踪时得到组织的认可。其次，要给组织提供所需的支持以及相关培训，使组织达成绩效目标。

组织在进行绩效辅导时，还应做好以下4个"及时"。

（1）及时了解组织的状况。领导要找组织中的核心骨干聊天，聊聊他们目前的状态，比如有没有二胎，孩子在哪儿上学，爱人在哪儿上班，目前情绪怎么样，未来是否要回老家，在这个城市中有什么资源……虽然说工作是工作，生活是生活，但不可否认的一点是，组织成员的生活状态会影响工作状态。当然，不一定要了解组织全体成员的状态，但对关键岗位及关键人才，要重点关注员工的现实状态。

（2）及时发现。及时发现组织业绩完成的情况，和上一个周期相比有哪些差距。比如1月、2月、3月，第一季度公司有个销售团队冠军，却没有完成第二个季度业绩，效果很不理想。在及时发现了团队业绩差距的时候，要刨根问底，或找出团队绩效未达成的影响因素。

（3）及时激励。不论组织是否完成业务，都要做好及时激励。及时激励并没有那么高大上，不是说一定要通过现金的形式，哪怕鼓个掌、拍个肩膀、吃顿饭，送个小礼物、口头表扬等，都是及时激励。管理者在组织绩效辅导过程中，要做好及时激励，激励组织不断克服困难与挑战，保持工作热情。

（4）及时改进。通常组织的考核周期是按月进行的，管理者考核周期是按季度的，不管是按月还是按季度，都应及时改进绩效的不足之处。

组织绩效过程的监控方法

组织绩效监控是指在预算执行过程中，企业管理者对各团队的预算执行情况和绩效目标实现程度展开的监督、控制和管理活动。

组织绩效监控工作是全流程的持续性管理，一般采取部门自主监控和上级领导重点监控相结合的方式来展开。

1.组织绩效监控的目的

组织绩效监控的目的是通过提高组织绩效水平，从而提高部门与企业的绩效。一个好的领导者一般都会进行组织绩效监控，采用恰当的领导风格，进行持续有效的沟通，指导各团队工作，提高其绩效水平。因此，对企业领导者而言，其管理水平和对组织的辅导水平，往往也是对其绩效进行评价的一个重要方面。

组织绩效监控的内容和目的具有高度的一致性。组织绩效监控的内容一般是在确定的绩效周期内组织对绩效计划的实施和完成情况，以及这一过程中的态度和行为。因此，领导者绩效监控的具体内容就是在组织绩效计划环节中确定的评价要素、评价指标和绩效目标，而监控过程中得到的信息也正是组织绩效周期结束时评价阶段所需要的。

组织绩效监控与绩效计划环节和绩效评价阶段在内容上保持一致，就能保证整个组织绩效管理系统的有效性。

2.组织绩效监控的意义

（1）当组织在绩效实施过程中遇到困难时，通过绩效监控，上级就能及时地对其进行指导，并为其提供克服困难所需的资源和服务。

（2）初期制定的绩效指标和目标可能随着环境的变化而变得不切实际或无法实现，而在绩效监控过程中，上级可以适时地对组织的绩效标准体系进行适当调整。

（3）当组织的行为偏离预定轨道时，通过绩效监控，可以及时纠正过来，以达到防微杜渐的作用，避免造成重大的损失。

（4）在繁忙的工作和紧张的压力下，组织特别需要上级对其努力和成绩的关注和认可。在绩效指导和监控过程中，上级对组织的正反馈会产生"皮格马利翁效应"（又称罗森塔尔效应，指的是教师对学生的殷切希望能收到预期效果，说明人的情感和观念会不同程度地受到别人下意识的影响），其激励效果甚至比物质激励更好。

（5）通过组织绩效监控，上级就能为日后的绩效评估和绩效反馈收集到客观、公正的事实依据。

第十章 组织绩效考核常用工具

关键绩效指标——KPI

关键绩效指标法也称重要事件法。

在某些工作领域内,员工在完成工作任务的过程中,有效的工作行为会获得成功,无效的工作行为会导致失败。关键事件法的设计者将这些有效或无效的工作行为称为"关键事件"。这些关键事件描述了员工的行为以及工作行为发生的具体背景条件,考评者一般都会记录和观察。如此,在评定员工的工作行为时,就可以利用关键事件作为考评的指标和衡量尺度。

关键事件法对事不对人,以事实为依据,考评者不仅注重对行为本身的评价,还要考虑行为的情境,可以用来向员工提供明确的信息,使他们知道自己哪些方面做得比较好,哪些方面做得不好。

重要事件法考评的内容是下属特定的行为,而不是他的品质和个性特征,比如忠诚性、亲和力、果断性和依赖性等。这种方法会选择具有代表性的典型和关键性活动事例作为考评的内容和标准,一旦选定了考核评价的关键事件，具体方法也就确定了。

1. 关键绩效指标法的操作步骤

第一步，确定业务目标。管理者要明确业务目标，并将其与企业的战略和愿景相对应。这些目标应该是具体的、可衡量的、可达成的、相关的和有时限的，符合 SMART 原则。

第二步，确定 KPI。根据业务目标，确定 KPI。KPI 能够帮助管理者了解业务的进展情况，反映业务的关键方面。选择 KPI 时，需要确保指标与目标紧密相关，并具备可衡量性和可操作性。

第三步，收集数据和建立数据指标。为了衡量 KPI，需要收集相关的数据，并建立数据指标，包括确定数据收集的频率、数据来源和数据的准确性保障机制。数据指标可以是具体的数值，也可以是图表、报告等形式。

第四步，设定目标值和跟踪进度。设定 KPI 的目标值，即希望达到的绩效水平。目标值应该是具体的，并与业务目标相对应。设定目标值后，要定期跟踪和监测 KPI 的实际进展，并与目标进行比较，及时发现偏差，采取相应的措施。

第五步，分析和解读结果。根据 KPI 的结果，进行数据分析和解读，包括比较实际值与目标值的差异，识别原因和影响因素，并找出改进机会。数据分析可以使用统计分析、趋势分析和比较分析。

第六步，反馈和沟通。根据 KPI 的结果，及时向相关人员进行反馈，包括向管理层和团队成员沟通 KPI 的结果和分析，共同参与业务的改进和优化。通过沟通，可以增强团队成员对 KPI 的理解和认同，提高绩效管理的效果。

第七步，持续改进和调整。KPI 是一个持续改进的过程，需要不断优化和调整。根据跟踪结果和分析，采取适当的措施进行改进，并调整 KPI 的设定和目标值，帮助企业适应变化的环境和需求。

2. 正确使用关键绩效指标法的关键

（1）确定明确的目标和策略。在设计 KPI 前，管理者要确定企业的目标和策略，并将指标与之对应。

（2）简化指标体系。指标体系应该简洁明了，避免过多的指标和复杂的计算方法。只有简化的指标体系才能更好地指导业务管理。

（3）数据的准确性和可靠性。KPI 依赖的数据必须准确可靠，否则会影响管理者对业务的判断和决策。

（4）及时反馈和调整。KPI 及时提供反馈和调整，管理者要及时发现问题，并采取相应的措施进行调整和改进。

（5）培养团队的共识和参与。KPI 的设计和实施需要团队的共识和参与，管理者应该与团队成员进行沟通和协商，共同制定合理的指标。

3. 关键绩效指标法适用的业务

（1）销售业务。KPI 可以用来衡量销售额、销售增长率、销售渠道效率，帮助组织评估销售绩效和制定销售策略。

（2）生产业务。KPI 可以用来衡量生产效率、产品质量、交货准时率，从而帮助管理者了解生产过程的效率和质量，并进行改进。

（3）客户服务业务。KPI 可以用来衡量客户满意度、客户投诉率、服务效率，帮助管理者了解客户需求和满意度，并提供更好的客户服务。

（4）财务业务。KPI 可以用来衡量利润率、资产回报率、现金流，帮助管理者了解财务状况和盈利能力。

（5）项目管理。KPI 可以用来衡量项目进度、成本控制、质量达标等指标，帮助管理者监控项目的执行情况和效果。

目标与关键成果——OKR

目标与关键成果法是一套明确和跟踪目标及其完成情况的管理方法，由英特尔公司创始人安迪·葛洛夫发明，由约翰·杜尔引入谷歌使用。

1999 年，目标与关键成果法在谷歌发扬光大后，被广泛运用于脸书、亚马逊、领英、优步、甲骨文、推特等知名企业。

2014 年，目标与关键成果法传入国内，陆续被百度、华为、小米、腾讯、京东、阿里、美团、知乎、字节跳动等知名企业使用和推广。

经过多年的发展总结，目标与关键成果法已经适用于互联网、软件、高科技、创新型与初创型的企业，特别是创新、高复杂工作以及需要团队合作比较紧密的工作岗位。

1. OKR 是什么意思

OKR 的 "O" 是指 Objectives（目标），是对企业在一定时期内希望达到的成果的一种 "定性" 描述，描述的是 "我想要去哪里，我们希望做什么" 的问题。

OKR 的 "KR" 是指 Key Result（关键成果），是实现目标 "O" 的关

键策略或措施的一种"定量"描述,描述的是"如何实现目标,如何衡量目标是否完成"的问题。

简言之,目标与关键成果法可以理解为:我希望达到"O"(目标),而成果将以若干个"KR"(关键成果)来衡量。

比如:营销总监的OKR。

目标O:增加品牌曝光度。

关键成果KR1:在抖音发布5个宣传视频。

关键成果KR2:视频的按赞次数超过1000万次。

关键成果KR3:在抖音的粉丝人数达到100万人。

2. 目标与关键成果法的基本规则

(1)目标管理周期。一个OKR的目标管理周期通常是一个季度。企业也可以根据自身行业特点、业务节奏、内外部环境的变化速度等因素,自行定义目标管理周期,可以每4周、每6周或每8周设定更新一次OKR项目,但每个周期最好不能超过一个季度。

(2)OKR项目设定要求。所有的OKR项目必须相互协商制定。目标设定要展现出野心,具有挑战性,让人有种"不舒服的兴奋"的感觉;关键成果由组织成员自己拟定,但必须是量化、有时间限制性且能让目标明确地实现。另外,关键成果完成率的计算方式要能导向最终目标整体完成进度的评分。

(3)OKR项目的数量限制。OKR的设置数量需要考虑目标的困难度、需要花费的精力与可分配的时间资源的匹配程度。团队与员工在每个目标管理周期设定2~4组的OKR较为理想,尽量不要超过5组。每个O(目标）对应的 KRs（关键成果）介于 2～5 个较为理想。

（4）OKR 进度信息更新与沟通会议。为了掌握每个 OKR 项目的执行情况与相关人员应配合的事项，同步相关人员的工作方向与工作节奏，OKR 的进度信息每周应更新一次，并定期进行简短的 OKR 进度检讨与沟通会议。

（5）OKR 的评分。OKR 的评分是"自我控制"的一个过程，是衡量 KR（关键成果）与 O（目标）的执行进展情况，而不是奖惩与考核的依据。在具体操作中，每周由组织成员对 OKR 项目的目标完成情况进行自评，评分时可以取各项关键成果完成率的平均值作为该组 OKR 的分数，分数介于 0.1～1.0 分。

关键成功要素——KSF

关键成功要素（Key Success Factors，KSF）是指对企业成功起关键作用的因素，关键成功要素法就是通过找出使企业成功的关键因素，再围绕这些关键因素来确定系统的需求，并进行规划和管理。

关键成功要素法是一个确定信息系统需求的 MIS 总体规划（是一个以组织的目标、战略、目的、处理过程以及信息需求为基础，制定信息系统的发展战略，制订信息系统的总体方案，安排项目开发计划，制订系统建设的资源分配计划，进行可行性分析）的方法，1970 年由哈佛大学教授 William Zani 提出。

作为一种识别问题重点影响因素的方法,关键成功要素法在战略绩效考核中经常被使用。事实上,该方法可以被独立使用,最常使用的鱼骨图又可作为一种思维分析和关键指标识别的工具被其他战略绩效考核模式所使用。

组织的核心价值不在于将所有的事情都做好,而是将重要的事情做好。这些重要的事情并非完全是组织自己认为的,而是职责定位或由上级决定的。

将岗位重要的职责及公司所需要的结果进行归纳梳理,并形成目标或标准,就是决定岗位价值的关键因子。

KSF 主要来自以下几个方面。

(1)产业结构。不同公司所处的产业特性不同,KSF 也不同。

(2)竞争策略、产业中的地位及地理位置。行业竞争状态,会影响公司 KSF 的选择。

(3)环境因素。企业外在环境的变化会影响 KSF,如总体经济情况等。

(4)暂时因素。主要来自公司内在组织的不稳定或特殊情况。

1. 关键成功要素法的步骤

(1)确定企业的战略目标。不同企业的战略目标重点不同,其战略目标核心结构也不同。通常情况下,战略目标可以从市场目标、创新目标、盈利目标和社会目标展开。

(2)识别所有的成功要素。KSF 的选择要力求精练,控制在 5~6 个因素以内。在目标识别的基础上,由信息专家和决策者参与,设置一系列访谈问题，来整理访谈记录，确定 KSF。

（3）确定 KSF。不同行业的 KSF 各不相同，即使同一个行业的组织，由于各自所处的外部环境和内部条件的不同，其 KSF 也不尽相同。在关键成功要素法中最常见的一种分析形式就是鱼骨图，由日本管理大师石川馨先生发明，又名石川图。

鱼骨图是一种发现问题根本原因的方法，简洁实用，深入直观，看上去有些像鱼骨：问题或缺陷（后果）标在"鱼头"外；在鱼骨上长出鱼刺，上面按出现机会的多寡列出产生问题的可能原因，说明各个原因之间的影响。

（4）明确各 KSF 的评价指标和评估标准。具体指标是对 KSF 的明确和细化，是 KSF 的具体评价体系。具体指标的确定过程是构造形象系统的评价体系，可以为以后的工作提供框架。一个 KSF 的具体评价指标很多，在实际应用过程中，应根据每个指标的重要程度，控制在 3 个以内。

（5）制订行动计划。根据确定的成功要素和评价指标制订具体的行动计划。

（6）评估行动计划及各项指标的完成情况，建立监测系统以评估指标的完成情况。

2. 关键成功要素法的核心思维

（1）加薪思维。关键成功要素法既是满足员工需求的加薪方案，也是改善企业经营的绩效方案。如果企业只给员工高目标、高压力，却不给高激励、高动力，必然会引起员工的抵触或反感，最后以失败告终。

（2）共赢思维。员工要加薪，管理者想增利，这是人性的基本需求，也是企业存在的天然的利益矛盾。不解决利益冲突问题，企业就不可能打造真正的团队。因为团队要想形成强大的合力，需要共同目标、共同价值观，还需要共同利益。

3.关键成功要素法的设计步骤

（1）岗位价值分析。分析这个岗位的核心工作，直接为企业带来效益的价值点。

（2）提取指标。一般设置指标6～8个为宜，如销售额、毛利率、毛利润、员工流失率、主推产品销量、员工培训等可量化的急需改善的指标。

（3）指标与薪酬融合。每个指标都配置对应的绩效工资，但不要把所有的指标平均分配工资，要挑重点，这些指标包括团队业绩、人创绩效、回款率、毛利率等。

（4）分析历史数据。分析过去一年的营业额、利润额、毛利率、成本费用率等。

（5）选定平衡点。企业和组织最能接受的平衡点，要以历史数据作为参考。平衡点一头连着企业利益，一头连着组织利益，支点的核心是产值和价值。

（6）测算和套算。依据历史数据，选取平衡点，将选好的指标分配不同比例的工资额。

平衡记分卡——BSC

BSC 是根据企业组织的战略要求而精心设计的指标体系。这一概念 1992 年在《哈佛商业评论》上首次提出,为管理者提供了一种综合性框架,将公司的战略目标转化成一套相互关联的绩效衡量指标。

BSC 不仅是一种绩效衡量手段,也是一种管理系统,能够推动公司在生产、流程、客户和市场开发等关键领域实现突破性的进步。

1. BSC 的基本内容

BSC 中的目标和评估指标来源于组织战略,可以把组织使命和战略转化为有形的目标和衡量指标。BSC 中的目标和衡量指标相互联系在一起,这种联系不仅包括因果关系,还包括结果衡量和引起结果的过程衡量相结合,最终反映到组织战略中,具体包括以下四个方面。

(1)财务方面。列示了组织的财务目标,并衡量战略的实施和执行能否为经营成果的改善作出贡献。

(2)客户方面。管理者确认组织将要参与竞争的客户和市场部分,并将目标转换成一组指标,比如市场份额、客户留存率、客户获得率、顾客满意度、顾客获利水平等。

(3)内部流程。为了吸引和留住目标市场上的客户,满足股东对财务回报的要求,管理者需关注对客户满意度和实现组织财务目标影响最大的内部过程，并为此设立衡量指标。

（4）学习和成长。为了实现长期的业绩，组织必须对未来进行投资，提高成员的能力、组织的信息系统等。

2. BSC的原理流程及分析

（1）以组织的共同愿景与战略为内核，运用综合与平衡的哲学思想，依据组织结构，将企业的愿景与战略转化为各责任部门及单位在财务、顾客、内部流程、创新与学习四个方面的系列目标。

（2）依据各组织在财务、顾客、内部流程、创新与学习四种计量可具体操作的目标，设置对应的绩效评价指标体系。这些指标不仅与公司战略目标高度相关，也是以先行与滞后两种形式，同时兼顾和平衡企业长期和短期目标、内部与外部利益，综合反映战略管理绩效的财务与非财务信息。

3. BSC重点在"平衡"

BSC涉及如下5项平衡。

（1）财务指标和非财务指标的平衡。企业考核的一般是财务指标，对非财务指标（客户、内部流程、学习与成长）的考核很少，即使有对非财务指标的考核，也只是定性说明，缺乏量化考核，缺乏系统性和全面性。

（2）企业的长期目标和短期目标的平衡。BSC是一套战略执行的管理系统，以系统的观点来看BSC的实施过程，即战略是输入，财务是输出。

（3）结果性指标与动因性指标之间的平衡。BSC以有效完成战略为动因，以可衡量的指标为目标管理结果，寻求结果性指标与动因性指标之间的平衡。

（4）企业组织内部群体与外部群体的平衡。BSC 中，股东与客户为外部群体，员工和内部业务流程是内部群体，BSC 可以发挥在有效执行战略的过程中平衡这些群体间利益的重要性。

（5）领先指标与滞后指标之间的平衡。财务指标是一个滞后指标，只能反映企业上一年度发生的情况，不能告诉企业如何改善业绩和可持续发展。关注后三项领先指标，企业就能达到领先指标和滞后指标的平衡。

4.BSC 的实施

（1）将企业战略与绩效管理连接起来，最主要的是高层管理者的决心、推动和参与。

（2）不要将 BSC 只作为绩效考核或 KPI 体系。

（3）有 BSC 实施经验的专家指导。

（4）使用有效的 IT 系统，减少行政事务和手工操作，增加沟通和透明度。

（5）管理者必须将 BSC 提升到战略高度，使之成为高层管理人的合作伙伴。

（6）把平衡理念渗透到企业现有绩效管理系统。

（7）在高层管理者中运用该方法。

战略解码——SBP

战略解码是指通过可视化的方式，将组织的战略转化为全体员工可理解、可执行的行为的过程。战略解码的实质就是要把"增长的责任"分解下去，最终达成必赢行动。

1. SBP 体系的主要内容

汉哲管理公司在对企业实施绩效管理过程中，发现传统的战略解码方法对于常态化运行的企业是可行的，但当企业外部或者内部环境发生变化时，原有的组织能力已经不能覆盖企业的战略需求。即使公司已经对企业战略或者关键任务梳理出来了，但仍面临着组织的不适应、人员能力不匹配等问题。基于此，可利用融合平衡记分卡、预算管理及对标管理的 SBP 体系绩效管理方法进行战略解码。可将 SBP 体系概括为 2S+3B+3P 八个组成部分。

（1）2S。2S 指企业战略（Stratage）和企业内部资源（Source），企业战略是战略解码的基础和前提，企业内部资源是企业战略决策的输入。

（2）3B。3B 指战略目标分解与指标设定的 3 个环节，即外部对标与内部诊断（Benchmarking）、预算（Budgeting）和均衡解码（Balance Decoding）。通过外部对标与内部诊断，为战略决策提供依据和支撑；通过预算，为战略解码提供定量分析与评估手段；通过均衡解码，将反复论证过的目标进行分解，落实到具体的动作、执行人、里程碑与评价标准。

（3）3P。3P指战略落地执行的3个关键环节，即组织管控（Planning Control）、绩效过程（Performance）和有效激励（Payment）。基于战略实现的要求对组织管控模式进行调整；通过全流程绩效运行，将绩效指标的运转情况纳入实时监控；选择适当的激励方式，将绩效结果与激励有力结合，促进执行团队的行为改变。

2S+3B+3P，构成了一个全新的战略规划、分解、执行、评估、激励的完整闭环。从战略管理的角度看，这是一个"战略—组织—执行—反馈"的经典闭环，从绩效管理的角度看，这是一个"绩效计划—绩效过程—有效激励—反馈"的绩效循环，两者的有机结合，成为一种支撑战略转型的新型管理工具。

2. 实施步骤

（1）SBP体系的运行从外部对标与内部诊断出发。外部对标，侧重于面向外部环境、同业与竞争对手，对比发现企业战略与执行中的不足，进而确定战略跟进或超越的关键性指标；内部诊断，则是对照企业运行的最佳实践类型，审视当前企业在经营和发展中的不足和短板；以上诊断与对标的关键结论，将作为企业阶段战略制定与转型调整的决策依据，并由此引发企业管理者对于公司新一年度战略目标的思考与讨论，讨论的结果将作为均衡解码的目标输入。

（2）在对标诊断的同时，结合企业内部的资源与历史发展情况，同步开展预算管理，对于企业来说，资源预算主要是经营预算、资金预算和人才盘点。这一体系的预算，主要侧重于可量化的财务指标，一方面对战略目标确定的可行性进行评估，对战略具体执行过程中的财务责任的承担进行分解、讨论和下达；另一方面，对公司战略中重点投入项目的财务压力等进行评估，判断是否具有可操作性。

（3）结合对标诊断、预算的情况，组织开展均衡解码工作。所谓解码，即对于战略目标、重点工作与支撑措施的系统分解；而所谓平衡，则有多重含义：是战略目标与预算的平衡，是财务、客户与运营、创新的平衡，也是长期目标与短期目标的平衡。只有在均衡思考下的战略解码，才具有较强的可实施性与可操作性，也才能够有效分解和落地。

（4）战略解码完成后，要基于战略实现的需要选择和调整企业的组织管控模式。在现实中，由于管控过严、管控松懈、部门设置缺失、岗位设置不合理、业务单元划分不合理、授权不到位等导致战略无法实现的，不在少数。尤其是在企业要介入新的业务领域、建立多个生产基地等的情况下，组织管控方式的调整，可以说是战略实现的必要条件。

（5）战略指标体系设计完成，即进入绩效过程。全过程绩效管理，要求从绩效计划开始，要对绩效过程进行监控、辅导，定期进行绩效检查，要在既定的时间节点对绩效结果进行评价，还要运用各种信息技术手段帮助管理者更好地、实时地监控战略指标的运行状态。

（6）绩效管理过程产生的结果，必须与有效激励关联。对于转型期的企业来说，未必需要全面、重新设计薪酬体系，但对于战略绩效任务完成的情况，必须在收入中，尤其是中高层的收入中有充分体现；对于转型的、创新的业务单元，必须有充分的激励措施，要体现结果导向原则，以促进大家的全情、全力投入；为了进一步实现核心人员与业绩深度绑定，可以根据需要引入更新锐的激励手段，当然，这些手段都必须与业绩指标直接关联。

（7）一个绩效过程完毕，需要对目标输入与绩效输出进行对比分析，找到差距，对差距进行分析，并将其作为下一轮目标决策，由此开启新一轮的战略绩效循环。

业务领先模型——DSTE

战略，是一种从全局考虑谋划实现全局目标的规划。为了实现从战略端到执行端的战略管理，企业可以运用有效的战略管理工具 DSTE（Develop Strategy to Execute，从战略到执行）。DSTE 把战略从规划到执行分为 4 个阶段，分别是战略制定、战略分解、战略执行与监控、战略评估。

1. 战略制定

战略制定过程中会用到业务领先模型（usiness Leadership Model，BLM）。它包含五大模块，即差距分析、领导力、价值观、战略和执行，用关键词的形式提示战略制定过程中应考虑的重点内容，例如，从差距分析开始，制定提升领导力的战略，制定一致价值观的战略，制定公司战略/产品战略/职能战略，制定执行战略等，输出战略规划（Strategy Plan，SP）。

在市场洞察中，会用到"五看"：看市场，看客户，看竞争，看自己，看机会。

在业务设计中，会用到市场管理（Market Management，MM）。

2. 战略分解

战略分解过程中会用到业务执行力模型（Business Execution Model，BEM）。对战略规划从业务维度和职能维度，采用"六西格玛"质量的思路进行层层解码，将战略分解为一个个可执行的重点工作，一条条可执行的组织优化措施，分解为组织KPI，管理者PBC、员工PBC，量化落地到组织和个人，最后输出成年度业务计划（Business Plan，BP）。

KPI是战略分解的一项重要内容，一方面给出了实现战略目标需要完成的关键任务，另一方面给出了任务完成好坏的量化评价指标，是战略管理的一个重要抓手。

3. 战略执行与监控

对照战略分解出的重点工作，通过布阵、点兵和造势，将战略目标和年度目标付诸行动，并通过市场结果、关键任务进展来检验与原先目标计划的偏差，进行原因分析，采取纠偏措施，确保正确地做事。

4. 战略评估

战略评估即战略复盘，通过差距分析（业绩差距、机会差距），量化执行结果与设计指标之间的差距，分析战略制定、分解、执行过程中哪些环节出了问题，找出针对性的改进对策，总结成功的经验和规律，复制推广，提炼经验和规律成规则，用规则的确定性，应对市场的不确定性，把偶然成功变成必然成功。

通过BSC将企业的使命、愿景和战略融入顾客、财务、内部业务、学习与成长等评估优化中，提高战略规划和管理的能力，保证企业均衡发展。

目标管理——MBO

目标管理（Management By Objectives，MBO）的理念是现代管理学之父彼得·德鲁克在其著作《管理的实践》中最先提出的。

德鲁克认为，并不是有了工作才有目标，而是先有了目标才能确定每个人的工作。有效的管理者并不是为了工作而工作，而是为了成果而工作。所以，企业的使命、愿景、战略和各部门的工作任务，必须转化为目标，如果一个领域没有特定的目标，那这个领域的工作必然会被忽视。

目标管理法是上下级之间在目标设定与如何实现目标上所达成的共识，并据以执行目标的过程。这是一种增强员工成功实现公司总目标的管理方法，也是促进员工取得优异绩效的管理工具之一。

1. 目标管理法的核心思想

上级领导通过设定目标的方式对组织进行管理。每个年度先根据内外部经营环境做战略分析，进行战略规划，制定公司级的战略目标与战略任务，形成战略规划书；确定企业的年度总目标后，对年度总目标进行纵向分解与横向分解，将企业年度总目标分解成各个职能部门的部门级目标与员工级目标，以及相对应的战略任务与行动计划。

目标项目分解与目标值设定的过程，应该由上级与团队共同沟通讨论；目标值及如何完成目标，上下级之间需要达成共识，并得到组织成员对目标的承诺。

2. KPI 目标项目的选择

部门在设定 KPI 目标项目时，可参考以下 5 个方向。

（1）企业年度战略规划形成的企业年度总目标与总战略任务，以及分解到各职能部门的战略目标与战略任务。战略任务能进一步量化的应尽量量化，不能量化的应设定责任人与要求完成的时间节点。

（2）从量化绩效指标库中，找出绩效表现退步较多且需要重点改善的指标，尤其是与企业年度总目标相关联的指标。

（3）《职务说明书》内载明的绩效指标与管理重点。

（4）自己部门内部管理需要改善的重点事项。

（5）跨部门要求需要配合的事项。

3. 目标管理法与绩效考核管理机制

（1）目标设定。年底，企业管理者应组织各部门一级主管进行战略规划，制订下一年度的战略规划方案、公司级的战略目标与战略任务，并将公司级的战略目标与战略任务分解到各部门的一级主管。年初，各部门的一级主管应根据公司的战略规划方案与部门的战略目标与战略任务，继续分解给下一级的主管。最终形成一级主管与二级主管的"年度绩效指标考核表（目标卡）"与"年度战略任务（重点工作项目）执行追踪表"。

（2）目标执行与追踪。每月要开一次月绩效指标执行沟通会议。开会时，要针对绩效表现"异常"的指标，进行差异原因分析并提出改善对策。参加月绩效指标执行沟通会议的管理者，都可以针对各部门的 KPI 项目与量化绩效指标数据的正确性、差异原因分析与改善对策的合理性与有效性提出意见或建议，集思广益，找出最有效的改善绩效的解决方案，并通过跨部门的配合与协作，共同提升各部门的绩效。

（3）绩效评价与反馈面谈。每月的绩效指标执行沟通会议结束后，由目标执行人根据"年度绩效指标考核表（或目标卡）"的 KPI 的实际表现值，依据"KPI 考核得分计算公式（或给分标准）"计算当月各 KPI 的考核得分。每月完成绩效考核以后，管理者应主动对特定人员进行绩效辅导面谈，对于表现优异者应给予鼓励，让其继续发挥优势，保持工作热情；对于考核得分偏低或绩效指标退步较多者，应进行个别指导，找出退步的原因，提供必要的资源（人力、物力、预算），给予协助与教育培训，帮他们改善绩效。

（4）绩效评价结果应用。绩效评价结果要与个人奖金挂钩。年度绩效评价结果出来后，对考级 A 等、B 等、C 等、D 等四类人员应采取不同方式的处理，主要方式有差别化的年终奖金、特别奖金与调薪，针对性的培训、晋升、降级、转岗、减薪与淘汰等。

第十一章 组织绩效的评价

关键事件法

关键事件技术，是通用汽车最早使用的方法，主要是通过集中关键的事件，来解释深入的基本问题。不管是问卷调查，还是深入访谈，主要目的都是寻找激发重大事件的关键事件。

关键事件技术是工作分析的一种补充方法，不能独立使用，需要结合访谈法和问卷调查法，否则关键事件失之偏颇。

关键事件技术要求以书面形式至少描述出 6 个月到 12 个月能观察到的 5 个关键事件，并分别说明杰出的任职者和不称职者在这些典型事件中会如何处事。

1. 关键事件技术具体内容

每种工作中都有一些关键事件，业绩好的员工在这些事件上表现出色，而业绩差的员工则正好相反。在使用这种方法时，工作分析专家会采访目标岗位的任职者或其上级，鉴别出一系列的关键事件。

在访谈过程中，通过询问关键事件的起因及任职者采用的解决方法，确定本项工作所需的知识、技能和能力。

管理实践中，主要运用于工作分析与工作设计、员工甄选、员工培训、员工绩效考核。

2. 关键事件法的优缺点

（1）优点。主要体现为：提供明确的事实证据（记录明确时间、地点、人物）；避免近因效应的考核误区（依据整个考评期间累积记录的关键事件的行为表现）；保存动态的关键事件记录（详细不间断地记录员工绩效变化的历史）；反馈及时，便于员工快速提高工作绩效；测评成本较低，易操作。

（2）缺点。主要体现为：耗费时间较长（观察、收集、记录、概括分类、撰写结果日志）；难以对员工工作绩效的所有层级水平进行评价（只关注显著事件）；会造成员工的不安全感；不能作为单独的考核工具。

3. 关键事件技术操作步骤

关键事件技术是一种半结构化的工作分析方法，该方法的基本操作步骤如下。

第一步，收集职务行为的各种逸事及事件，表明一项特定职务或一级职务上个人的工作绩效特别好或特别差的特征。可以采用个别或群体访谈、问卷、工作日志以及其他手段，从任职者、同事、以前的任职者、上级或者他人口中收集信息。

第二步，由专家评定这些事件的好坏，因为有些任职者认为是好的事件其实是坏事件，反过来也一样。

第三步，由三个任职者将已写出的事件归到一定的类别（或维度）

中。不同的维度,重要性也不同。

第四步,由另外三个任职者再次将写出的事件进行归类,并将归类的结果与第三步中的结果进行比较。对于不能一致归类的事件,把它排除掉或另列一类。最后对分析提炼、划分类别的结果进行列表,得出一幅职务基本特性的总体画面。

需要注意的是,运用关键事件技术时,要注意类别的确定或者维度的确定,要根据不同的维度来确定事件。

行为锚定法

行为锚定评分法简称 BARS（Behaviorally, Anchored, Rating, Scale）,实质上是把量表评分法和关键事件法结合起来,使之兼具两者之长。基本思路是:描述职务工作可能发生的各种典型行为,对行为的不同情况进行度量评分,在此基础上建立锚定评分表,作为员工绩效考评的依据,对员工的实际工作行为进行测评给分。

1. 行为锚定等级评价法的优缺点

（1）行为锚定评分量表法的优点。

①绩效指标之间的独立性较高。在设计过程中,设计人员将众多的工作行为归纳为 5~9 种绩效指标,使各绩效指标之间的相对独立性较强。

②对工作绩效的考评更加精准。从设计的过程上看,是由对工作及其要求最为熟悉的人来编制锚定物,能够更加准确地找出最适合的评分标准;

从考评尺度上看，量表上的典型行为锚定点有利于考评者准确把握各个绩效等级的含义，减少各类主观心理偏差的发生。

③为员工的绩效改进建立了明确的行为标准。行为锚定评分量表是一种以发展为主要目的的方法，通过锚定说明词，被考评者不但能较深刻而信服地了解自身的现状，还能找到具体的改进目标，有助于实现绩效考评的行为导向功能，具有良好的反馈作用。

（2）行为锚定评分量表法的缺点。

①设计比较麻烦，需要花费更多的时间。

②量表中各绩效等级的锚定说明词的数量毕竟有限（一般不大会多于10条），不可能涵盖所有员工的实际表现，很难做到被考评者的实际表现恰好与锚定说明词完全吻合。

③这是一种行为导向型的方法，使用的考评尺度是行为导向的，要求考评者对正在执行作业的员工进行考评，不是针对预期的工作目标进行考评，操作起来有些困难。

2. 建立行为锚定等级评价法的步骤

行为锚定等级评价法的目的是通过一个等级评价表，将关于特别优良或特别劣等绩效的叙述进行等级性量化，将描述性关键事件评价法和量化等级评价法的优点结合起来。通常按照以下步骤来进行。

（1）进行岗位分析，获取关键事件。对于工作较了解的人，对代表优良传统绩效和劣等绩效的关键事件进行描述。

（2）建立绩效评价等级。将关键事件合并为几个绩效指标，并对绩效指标的内容加以界定。一般可分为5～9个等级。

（3）对关键事件重新加以分配。将所有关键事件重新检视，就同一关键事件而言，是否可以放进更合适的绩效指标，最后确定这些关键事件所在的绩效指标。

（4）对关键事件进行评定。对关键事件中所描述的行为进行评定，看看该关键事件能否代表某一绩效指标所要求的绩效水平。

（5）建立最终的工作绩效评价体系。对于各绩效指标来说，都会有一组关键事件作为其"行为锚"。

行为观察法

行为观察法是在关键事件法的基础上发展起来的，与行为锚定等级评价法接近，只是在量表的结构上有所不同。

该方法不是确定工作行为处于何种水平上，而是确认员工某种行为出现的概率，要求评定者根据某一工作行为发生频率和次数的多少来对某一被评定者打分。既可以对不同工作行为的评定分数相加得到一个总分数，也可以按照对工作绩效的重要性程度赋予工作行为不同的权重。

这种方法克服了关键事件法不能量化、不可比以及不能区分工作行为重要性的缺点。这种方法也存在缺点，比如编制一份行为观察量表较为费时费力，完全从行为发生的频次考评员工，可能会使考评者和员工双方忽略行为过程的结果。

加权选择量表法

加权选择量表法又叫加权总计评分量表法，是行为量表法的另一表现形式。具体形式是用一系列形容性或描述性的语句，说明员工的具体工作行为和表现，并将这些语句分别列于量表中，考评者评定被考评者是否符合所列项目及语句。

对每一项目要进行多等级的评定赋值，行为表现越好，等级分值越高。打分时，如果考评者认为被考评者的行为表现符合量表中所列出的项目，就做上记号，如"√"或者"×"。

在本法中，考评者必须从3～4个描述员工某一方面行为表现的项目中选择一项（有时选择两项）内容作为单项考评结果。考评者可能会发现所有的选项都能描述员工的绩效，不过只能从中选出一个或者两个最能描述员工行为表现的项目。

和一般的评级量表的方式不同，本法在各个项目中对所列举的工作行为表现，谨慎使用了中性的描述语句，使考评参与者对该项工作表现是积极的还是消极的认知是模糊的。因此，考评者不知道下属员工的考评结果是高、是低，还是一般。采用本法可以避免考评者的趋中倾向、过宽倾向、晕轮效应或者其他常见的偏误。

与其他评级量表法一样，本法同样是一种定量化考评方法。本法不但可以用来考评特殊工作行为表现，也可以适用于企业更宽泛的不同类别人员的绩效描述与考评。

加权选择量表法，打分容易、核算简单、便于反馈，但适用范围较小。采用本方法时，需要根据具体岗位的工作内容，设计不同内容的加权选择考评量表。加权选择量表法的设计步骤如下。

1. 通过工作岗位调查和分析，采集涉及本岗位人员有效或无效行为表现的资料，并运用简洁的语言做出描述。

2. 对每一个行为项目进行多等级（5～9）评判，合并同类项目，删去缺乏一致性和代表性的事项。

3. 求出各个保留项目评判分的加权平均数，将其作为该项目等级分值。

强制排序法

"强制排序"是广为流传的一种管理手段，要求企业管理者按照员工的绩效将所有员工两两比较，然后将评价结果按照某种曲线分布，并在员工晋升、激励等工作中进行结果应用。使用本工具的目的在于，梳理重要的事情在工作和生活中所处的位置，实践"要事第一"的原则。

以下是某企业绩效评价"强制排序"的做法。

以200人左右的团队为例（假定成个连队），大致会有20个左右10人TL团队（最小作战单元，类似于军队的班），如所有排名先在"最小作战进行"TL 团队里进行，按照业绩进行排名（按照人员等级并只排名、不给绩效评价结果），由 Leader 给出排名结果和排名依据。然后，以排为单位按照人员等级分层进行排序，对每一个班的 TOP1 来进行对比，区分并排序，再以每个班的 TOP2 和 TOP1 人员排序最后一名进行对比，确定穿插顺序，并以此确定排级组织所有人员的排名，再按照强制比例分布确定绩效评价结果。接着，由连队审视讨论连队应参与评议人员的排序、评价结果的合理性、公正性，以及强制排序是否符合组织要求。最后，将结果上报上一级组织进行审批。

这种"强制排序"做法很痛苦，尤其是对基层管理者，在必须确定后端人员时，做决策和选择很难，强制排序在末端也就意味着这些人会离开。关键在于，强制排名绝对不是团队的目标，团队需要有自己的愿景和阶段性目标。如果组员仅仅是为了排名靠前而努力，团队肯定好不到哪去，急功近利在所难免。

强制分布法

强制分布法也被称为"强制正态分布法"或"硬性分配法"，本质在于根据正态分布原理，即俗称的"中间大、两头小"的分布规律，预先确定评价等级以及各等级在总数中所占的百分比，然后按照被考核者考核分数的优劣程度，将其列入其中某一等级，再根据员工所在的等级进行绩效的奖励或惩罚。

一般是将绩效分为优秀（A）、良好（B）、称职（C）、基本称职（D）、不称职（E）五个等级，分布比例为 A（5%）、B（20%）、C（50%）、D（20%）、E（5%）。其核心思想是通过对考核结果进行修正和调整，实现考核结果满足预先设定的等级分布。所以，从严格意义上讲，"强制分布法"不是一种考核方法，而是一种对考核结果调整的办法，可以适用于任何考核方法得出的考核结果。

强制分布法一般在组织结构稳定、规模小、员工数量较多时使用，也就是提前设定好范围，根据 OKR 评价打分结果，把人分别放到相应的范围内。

成功适用"强制分布法"最典型的代表当数美国通用电气公司，此项管理制度给通用电气公司带来的迅猛发展，让许多企业看到了制度的优越性便纷纷引入。我国多数企业也有利用，比如，华为的 PBC 五等划分就是强制分布法的运用。

虽然我国多数企业都采取此种操作模式，但却不被司法机关认可。若需要认定员工无法胜任工作，应当是考核分数的直接体现，不能使用"强制分布法"后的考核结果认定"不能胜任工作"，因为最后 10% 的员工的排名分布，并非员工在岗位上的状态的直接体现。

奖罚机制的建立

每个人的价值观是不同的,看重的也不同,因此相同的奖励对不同的人激励的效果也完全不同。企业应该深入研究不同组织成员的需求,找到他们关注的重点,灵活选择奖励方式,提高激励效果。

在团队中,每个人都有不同的特点,要形成一种高效率、团结、积极的办事风气,要花费很多时间与心血。企业管理者除了要运用各种管理方法,引导每个人朝共同的方向迈进,还要制定与管理方法相配套的奖励与处罚制度,否则,不管多高明的管理方法,下属在执行过程中也会大打折扣。

那么,究竟该怎样设立奖惩制度呢?

1.奖惩制度为公司战略和企业文化服务

企业的发展战略要实现,企业文化要落地,除了目标管理和绩效管理外,奖惩机制也是一个辅助的工具。重视什么就让什么与员工的奖惩或收入挂钩,上下一致,才能使管理效果倍增。有些企业的战略只在中高层的心里,企业文化只在墙上,似乎与员工无关,员工不关心,更不会执行,最终只能导致企业管理层的压力增加,企业的经营目标难以达成。

2.奖励和惩罚要结伴而行

奖惩平衡,效果才会更好。员工对奖惩制度不认同,对惩罚结果不服，原因就是认为只有罚没有奖。只罚不奖，不得人心。奖励方式有很多种，不只限于奖金一种形式，口头表扬、荣誉称号等都有相应的激励效果。如果在员工做得好的时候，第一时间给予表扬和认可，效果甚至超过奖金。

3. 奖励和惩罚，要事先定好规则

无论奖励还是惩罚，都要事先约定清楚，确定清晰的规则，否则就无法取得很好的激励效果。只有这样，员工才能心服口服，才是公平、公开的。

4. 奖励和惩罚都要做到极致

惩罚一定要有强大的震慑作用，要想提高奖惩效果，就要加大力度，同时宣告天下，引起员工的重视。

5. 奖励和惩罚要多样，要有选择性

如果奖惩的方式只有一种，发奖金或罚款，效果就会平平。人们之所以喜欢玩游戏，就是因为游戏抓住了人性。同理，公司制度的设计也应该抓住人性，让制度鲜活起来。

6. 奖励要自下而上，惩罚要自上而下

奖惩的顺序很重要，奖励需要采取自下而上的奖励顺序，比如，员工表现突出，做了贡献，就要先奖励员工，再奖励他的直接上级，然后是间接上级。而惩罚就要反过来，如果员工犯了很大的错误，就要先惩罚他上面的总监、经理，再惩罚主管、组长，最后惩罚他本人。这样，可以使各级企业管理者增强责任感，培养下属并监督检查下属的工作，同时激发下属的潜能。

绩效信息的收集

绩效信息的记录和收集是绩效管理的一项基础工作，很多绩效管理失败的原因在于绩效信息的不准确以及考核评价的随意性。很多企业在绩效评价中，主观性较强的评价又是导致绩效形式化的一个重要诱因，致使绩效评价者没有考评的依据。

绩效信息的收集、整理和处理是绩效管理的关键步骤，没有绩效信息，对各岗位的绩效指标和员工的行为判断将会变得没有意义。所以，绩效管理一定要建立完善、科学的绩效信息收集流程。

1. 绩效信息的收集流程

明确规定绩效信息收集流程是信息能够有效收集的保障。管理规范的企业，一般都会详细规定绩效信息的采集、统计和上报流程，具体内容包括以下几个方面。

（1）信息传递流程。绩效信息传递流程是绩效信息或数据从输入、处理、传递、检查审核，到最终输出的全过程。

（2）信息传递载体。绩效信息传递载体指绩效信息或数据需要用什么样的表格，通过什么系统传递给绩效评价部门。

（3）信息统计口径。绩效信息统计口径是绩效信息或数据统计的具体内容、范围和要求，明确规定哪些信息需要收集、哪些信息需要统计及提供信息的人需要提交的格式标准。

（4）信息收集周期。根据考核事项和管理需要的不同，周期可以分别以天、周、月度、季度、半年、年等为单位。

2. 绩效信息的有效性

为减少绩效信息偏差，保证绩效信息的真实有效，涉及绩效信息或进行数据的收集和核准时，可以通过以下动作提高绩效信息的有效性。

（1）减少信息传递的流程。在设计绩效信息收集方式时，一般都会按照管理流程环节呈线性结构进行，减少绩效信息在部门间传递，把绩效信息全部归到考核评价部门统一收集整理，收集信息的方式从线性结构改变为网状结构。

（2）增加信息系统的使用。如果企业条件允许，要尽可能采用系统收集、传递信息，减少人为记录的情况。无法采用系统的，可以使用传统文档、模板、表单、清单、日工作记录等记录工具。

（3）宣传教育，强化宣传。培训是绩效管理过程中必不可少的，其内容涵盖绩效管理的各个方面，比如，实施绩效管理的原因、如何确认工作活动、如何观察工作情况、如何记录员工行为、如何使用绩效评价表格、如何提供绩效信息、如何使评价误差最小化、如何进行绩效评价面谈、如何向员工提供咨询和教练式辅导等。

第十二章　组织绩效的反馈

组织绩效结果反馈的目的、作用和原则

对于现代企业而言，如何管理组织绩效已成为企业管理者关心的问题，而上级与组织之间的绩效反馈与沟通，则是保证组织绩效管理有效实施的关键环节，直接影响着组织绩效管理的效果。所以，越来越多的组织开始关注绩效结果的反馈与沟通。

组织绩效反馈与沟通是指在整个绩效评估期内，上级就组织绩效问题不断地与组织成员进行交流反馈和沟通，了解工作进展，给予组织成员必要的指导和建议。如造成潜在障碍及问题，共同商讨解决问题的措施，帮助组织实现确定的绩效目标。

绩效反馈与沟通有两个含义：一是指在制订绩效评估计划过程中，上级和下级进行有效的沟通，使组织绩效评估指标被员工认可；二是指完成绩效评估后，上级对下级的工作绩效表现给予有效的反馈。

1. 组织绩效反馈的目的作用

组织绩效管理的基本思路是：设立企业目标，执行组织的行为标准和

工作内容，使组织成员在企业的所有行为及其最终结果符合企业目标，并对这种行为实施过程进行辅导，纠正组织行为中不符合企业目标的部分。

组织绩效评估是以企业目标为衡量的最终标准，对组织行为进行评判。只有告诉组织：组织的行为到底是受到鼓励，还是受到惩戒，哪些做得好，哪些还需要改善……组织才会有目标和方向。

组织绩效反馈是指企业领导者与组织基于绩效事实的双向沟通，起到提升组织绩效和达成组织目标的作用。

组织绩效反馈的目的就是让组织感知到企业对其绩效评价是客观公正的，使绩效评价结果对组织未来的绩效表现产生积极影响，真正起到提升组织绩效和达成组织目标的作用。具体包括：强化组织对自身绩效的责任，为组织成员在团队中的相对表现提供客观的反馈；保证组织成员对企业绩效评价客观公正的感知；鼓励组织好的绩效行为持续出现；澄清组织需要改进的领域以及改进的方向；激励组织持续成长，并在新的绩效管理周期承担更大的责任。

绩效反馈还有狭义和广义之分：狭义的绩效反馈是指关于绩效评价结果和后续改进措施的沟通；广义的绩效反馈包括低绩效组织管理、组织绩效投诉处理、绩效评价结果应用等相关管理环节。

2. 绩效反馈的基本原则

（1）对事不对人。组织绩效反馈的目的是让组织成员的行为更加符合企业目标的需要。同时，组织成员的行为总是有好的方面也有不足，所以，在反馈时，对事不对人，组织成员才容易接受改进的建议。

（2）坦诚面对。组织绩效反馈的时候，不要带有任何个人的感情色彩，坦诚面对客观结果，实事求是地讲述改进意见。

（3）个别交流。绩效反馈时要一对一进行，双方交流才会比较深入具体。通过开大会的形式公布分数，公开点名，只适用于表彰大会，而不适用组织成员绩效反馈。

（4）问题和改进方法一起抓。既然是绩效反馈，就不能只讲存在的问题和不足。组织绩效反馈的目的既是帮助组织提高绩效，让组织成员的行为符合企业的要求，又要把如何做才符合企业的要求告诉给员工，否则绩效反馈就是无效的。

组织绩效的分析与诊断

组织绩效是指组织在某一时期内组织任务完成的数量、质量、效率及盈利情况。组织绩效分析是指对正式组织的绩效完成情况的检视和分析，对组织绩效的分析包括对个体组织的绩效诊断，多组织基于指标、部门、领域、绩效差距等维度的横向或纵向的绩效分析。对组织绩效的分析也应该形成绩效分析报告，以供管理改进。

组织绩效实现应在个人绩效实现的基础上，但是个人绩效的实现并不一定能保证组织是有绩效的，还需要考虑个人绩效与组织绩效的关联性。组织绩效诊断是指系统地对组织、流程、团队直至个人的现实绩效和期望绩效进行定义，检视异常，形成绩效改进的方案。组织绩效诊断多数是在公司各部门的组织绩效考核之后，针对一些异常部门进行重点诊断。

组织绩效不佳的表现很多，如生产效率下降、质量问题突出、员工积极性不高、绩效考核不公平、技术人员能力不强、部门职责混乱等。如何才能透过现象抓住问题的本质，从而帮助组织找到问题的根源呢？这就需要一个系统的组织绩效诊断。

组织绩效诊断流程如下。

1. 组织绩效问题的确认

绩效问题，多数是围绕当前的绩效产出形成的，比如，在产量、质量、进度、成本等方面没有达到期望目标，会导致组织目前的困境，如员工士气低落、工作流程低效等。因此，我们不能把低绩效的问题本身和表现出来的现象或原因混为一谈。这些低绩效的问题，完全可以从公司运营的记录上发现或直接从被考核主管打成低绩效等级的团队中进行挖掘。

2. 组织绩效的诊断

我们可以建立影响组织绩效的 4 个变量和问题产生的 4 个层级的矩阵对绩效不良原因进行分析。组织绩效诊断矩阵如表 12-1 所示。

表12-1　组织绩效诊断矩阵

绩效变量	绩效层次			
	组织层次	流程层次	团队层次	个人层次
使命目标	该组织的使命/目标与社会外部环境相适应吗	该流程目标与组织及个人的使命/目标相吻合吗	该团队的目标与个人目标协调吗	员工的使命/目标和组织相一致吗
组织流程	组织系统是否具备达成预期绩效的结构和政策	该流程是否以系统的工作方式来设计和运作	该团队的工作方式是否有助于合作和提升绩效	员工是否清楚流程中的节点、障碍和问题决策方式

续表

绩效变量	绩效层次			
	组织层次	流程层次	团队层次	个人层次
能力	组织是否具备完成目标的领导力、资金和基础设备	该流程的设计是否有达到目标产量、质量、成本和进度的能力	该团队是否具有完成团队运作目标的知识和技能	员工是否具有工作所需要的专门知识和技能
激励	该组织的政策、文化和奖惩政策是否能支持达成预期绩效	该流程是否具备继续运营的人力和信息因素	该团队是在彼此尊重、相互支持的状态下工作吗	员工是否愿意并正在积极地工作

组织绩效的诊断通过具体的经营或管理数据，结合访谈、问卷调查的方式来进行。

3. 明确改进目标

为了明确绩效改进的目标，需要确定与组织、流程、团队、个人4个层次对应的绩效产出，每个层面的绩效产出可以从数量、质量、成本和时间等角度进行设计。

4. 拟订绩效改进方案

绩效改进的具体措施应该针对组织绩效的4个变量和4个层级展开。一份完整的绩效改进方案，应该包括以下4个要素。

（1）绩效差距。明确当前绩效和期望绩效的差距及与希望达成的改进绩效目标的差距。

（2）绩效诊断。观察绩效4个变量和4个层次的关键问题矩阵的诊断结果，需要注意的是，各变量之间并非完全独立，而是互相影响。

（3）措施建议。问题是多维度的，绩效改进措施也往往是多维度的。跟人相关的措施建议可以使用加强了解、提升操作能力等说法；跟组织和流程相关的措施，可以使用排除外部障碍、优化、调整等说法；跟团队目标相关的措施建议，可以使用改进、创造等说法。

（4）收益预测。收益预测就是对绩效产出和投入成本的分析预测。

组织绩效问题的原因分析

绩效问题的原因分析，需要遵循如下几个步骤。

1. 罗列尽可能多的原因

找出可能存在的原因，把这些原因一一罗列下来，并采用头脑风暴法，众人聚在一起分享，达到多多益善的效果。

（1）做好准备。准备一张大白板，安排一位主持人和一个记录人。

（2）组织研讨。首先，主持人宣布发言规则和注意事项。其次，主持人组织发言，同时由记录人记录发言关键词，所有与会者不否定、不争辩。最后，主持人和与会者确认所有发言内容，防止误听误写。

2. 去除无明显联系的原因

主持人需要和现场人员核实已收集的信息，并和前期已经基本掌握的参考材料和数据进行比对，筛选并去除与问题不直接相关的原因。有的原因不是直接原因，而是间接原因，也应该去掉；有的原因没有发生变化，也不是这次问题产生的原因。经过筛选后保留下来的原因，才是与会者达成共识的直接原因。

3.找到主要原因和根本原因

人的精力是有限的，只有找到关键原因，才可以达到事半功倍的效果。

组织要寻找问题的根源，可以采用追问法，简言之，就是不断地用"为什么"进行追问，直至问到深层次的原因。比如就"小吴上班迟到"这个问题，可以这样追问。

经理：为什么迟到？

小吴：起床晚了。

经理：为什么起晚了？

小吴：睡得太晚了。

经理：为什么睡得晚？

小吴：熬夜刷手机了。

经理：为什么刷手机，一定会晚睡？

小吴：多刷了一些有趣的视频。

经理：为什么多看？

小吴：我个人自制力差。

"自制力差→熬夜多刷手机→晚睡→晚起→迟到"，这是合理的因果逻辑。如此，就能挖到深层次的原因，即小吴自制力不强。据此，解决迟到问题的对策，才能提高小吴的自制力。

组织绩效的结果分析

组织绩效分析报告一般包括三部分。

第一部分，执行现状和考核概况的分析，包括以下4项内容。

（1）制作一张组织绩效管理的图片。比如，1月做战略分解，2月做中高管绩效签约仪式，3月做第一季度的复盘等，附上整体的执行流程，以及现在的结成点。

（2）考核覆盖率，分为层级和部门。比如高层考核覆盖率100%、中层90%、员工50%，这是从绩效考核的覆盖率的角度来设定的。而业务部门、管理部门、职能部门的绩效考核覆盖率是多少，指的就是企业做绩效管理的覆盖程度。

（3）评分分布的情况。评分分布的情况，对很多企业都有很大的影响，也可以按照层级或部门来做。人力资源部门做第一次汇报时，有些部门分数很高，但它们是支持部门。在这种分布的刺激下，第二季度它们再重新确定指标标准，就会提高一些。从这个意义上说，整个指标的维度，各部门相对平均一些。

（4）绩效引导的一种关键行为举证。比如哪个部门因为绩效指标定得好，领导绩效改进辅导做得好，于是关键行为发生了变化。关键行为发生了变化，不仅可以提升工作效率，还能提升业绩的改善情况。

第二部分，重点数据分析。重点数据分析可以从以下 4 个维度进行。

（1）层级的重点数据分析，包括指标的完成率、每个层级的绩效考核结果。

（2）分部门，根据每个部门的情况不同。

（3）过程指标和结果指标的分析。

（4）指标类型的分析。

第三部分，组织绩效改进的重点。组织绩效改进，可以从以下 4 个维度来进行。

（1）指标的优化。有些指标目标制定得过高，有些数据来源非常模糊，有些则是日常工作，所以对指标进行优化，就能为组织绩效的改进注入一针强心剂。

（2）跨部门的协同。有时没有完成绩效，是因为跨部门协同出现了问题，这时候就需要人力资源介入，告诉两个部门下个考核阶段要一起关注这个指标。

（3）做些干预。企业管理者要对组织采取一些绩效改进的干预措施。

（4）绩效的过程管理。包括晒数据，还可以每周进行一次数据复盘。

组织绩效的反馈面谈

一次好的组织绩效面谈是双方都获得了自己想要的结果，比如，确定组织绩效目标的面谈，企业管理者要清楚地把绩效目标、绩效管理办法、绩效考核规则等告知组织成员，让他们知道绩效管理的目的，不仅是为了考核，更是为了改进绩效。同样，组织成员也应该明确和了解组织绩效管理的目标、规则，不要等考核结果出来了再质疑。

好的组织绩效面谈是一次帮助下属成员成长的机会，可以让成员知道后续工作怎么改进，有什么方法可以帮助自己改进，了解自己的问题，知道改进的方向，学会改进的方法。这样，也就取得了真正的绩效面谈效果。

有时组织绩效面谈可能比较耗时，分析问题时，要像剥洋葱一样，一层一层地去发现问题，寻找原因，从根本上解决问题。只解决表象问题，是不能真正提高组织绩效的。

1. 什么时间做组织绩效面谈

组织绩效面谈贯穿于整个绩效管理过程，比如，制定绩效目标的时候要做，绩效辅导的时候要做，绩效考核的时候要做，绩效考核结果出来后也要做，这些都是做绩效面谈的好时机。

（1）制定绩效目标的时候，要做绩效面谈。这次面谈可以称为绩效计划面谈。要想取得好的绩效管理效果，制定绩效目标的过程中，企业管理者和组织要充分沟通，双方对绩效目标的理解要一致，绩效目标最好数据化，减少歧义。如果不沟通，即使是同一个目标，双方理解也可能会出现很大差异，所以一定要让组织成员参与到目标制定的过程中。

（2）绩效辅导时，要做绩效面谈。制定绩效目标后，企业管理者要指导组织成员去实现绩效目标。遇到困难或者问题时，企业管理者要及时和员工进行沟通，了解绩效实现程度、面临的困难，协助组织成员解决自身无法解决的问题，等到考核结果出来再去补救就晚了。

（3）绩效考核时，要做绩效面谈。考核的时候之所以要面谈，是因为这时双方要再次确认考核目标和考核规则，这时候面谈对考核结果还有回旋余地，等结果出来后，再有异议，就只能走绩效申诉了。结合组织绩效完成情况，双方就大致考核结果进行沟通，让组织成员对考核结果有个基本的认识。

（4）绩效考核结果出来后，要做绩效面谈。这次面谈叫绩效反馈面谈，比较正式，一般还要有人力资源参加。绩效考核结果出来后，企业管理者和人力资源要和组织成员沟通，把最终的考核结果告知他们，并听取他们对考核结果的反馈意见。针对组织成员做得好的地方，提出表扬，继续坚持；针对组织成员绩效的不足，共同探讨改进的措施。

2. 如何做好组织绩效面谈

要做好组织绩效面谈，就要做好以下几点。

（1）企业管理者要提前做好准备。当绩效面谈，需要准备材料时，比如，绩效目标面谈，要准备组织成员的历史绩效、个人能力、企业目标等材料。绩效过程辅导、绩效考核、反馈时，要了解面谈组织的所有绩效数据，面谈时用数据说话，既客观公正，也有说服力。此外，要确定面谈时间和地点，最好是上班时间、比较安静的地方，比如会议室等。面谈时间最好选在工作不是很忙的时间，避免被打断。

（2）确定面谈内容。组织绩效面谈可以先闲聊几句开场白，比如，"最近工作怎么样啊"等，再把话题引到绩效面谈上来。当然，不同时间点的绩效面谈内容也不同。以绩效辅导为例，先回忆绩效目标，让组织成员知道这次谈话的目的，再让他们汇报绩效完成情况，结合自己掌握的绩效情况和绩效目标，分析当前绩效完成是否按计划完成了，对做得好的地方进行表扬，对于不足的地方要多问几个为什么，只有找到问题的根源，才能从根本上解决问题。

（3）绩效面谈结束时，提出下一步计划。依然以绩效辅导为例，通过第二步的沟通，双方了解了绩效情况，并知道了哪些地方应该坚持、哪些地方需要改进。收尾阶段，要再次明确绩效目标，下一阶段的工作重点，并提出自己的期望，表达组织成员的支持。

组织绩效的改进

获得高绩效一直是各类组织的追求，但有时候组织的工作产出未必是企业期望的结果，绩效改进便应运而生。

"绩效改进之父"托马斯·吉尔伯特曾说：绩效＝有价值的结果÷行为的代价。根据这个公式，进行组织绩效改进时，首先要考虑有价值的结果，但如果是因为付出了高昂的代价才产生了有价值的结果，那就要反思这样的投入产出比是否合理。所以，从本质上讲，绩效思考的就是投入产出比的问题。

所谓绩效改进，就是用更好的方法、更低的成本使组织在业务结果和流程效率上达到更佳，帮助团队持续、有效且用更小的代价打胜仗。

1. 什么时候需要推进组织绩效改进

（1）当企业没有达到预期的经营目标或业绩下滑时，问题出在哪儿？是员工缺乏胜任的知识、技巧和能力，还是企业管理者的领导力不足？是组织的流程设计不合理，还是没有打造良好的工作氛围？

（2）当新的经济政策出台，市场形势发生变化时，组织内部该如何进行变革？面对新环境，公司战略需要做出哪些调整？面对新任务，组织能否适应新的岗位要求？

可见，在绩效不佳或对现状产生新要求的时候，便需要通过系统的方法来分析绩效目标与现状的差距，并提出解决方案，这也是我们常见的绩效改进工作流程。

2. 绩效改进的原则

（1）关注结果。要先判断工作产出是否有价值，还需要明晰目标并以结果为导向。只有明确组织经营管理的目标，才能通过具体流程运作和员工行为来实现这些目标，才能对症下药。

（2）系统思考。要把组织看作一个有机整体，综合考虑组织内外部各子系统之间的联系与制约，全面看待问题。一方面，要打开外部视角，洞察外部变化是如何影响组织绩效的；另一方面，要聚焦内部环境，考虑企业内部因素是如何相互影响并作用到绩效结果上的。

（3）增加价值。要确定利益相关方对于价值的诉求，明确业务方在意的价值是什么，例如，提升收益和市场占有率、降低成本；同时，考虑绩效改进方案的成本与风险以及实施后所产生的影响，让绩效改进以合理的成本为业务方增加实际价值。

（4）伙伴协作。组织绩效改进遇到的问题复杂多样，要重视与利益相关方的合作，采取不同的干预措施解决问题。因此，在绩效改进中要获得业务方的信任，共同参与决策，信任与尊重彼此的知识和能力，互相沟通，共担责任。

3. 绩效改进的基本流程

（1）确定改进方向。找出要解决的主要问题并确定改进方向的过程，结合组织现状和现有资源来明确绩效改进的抓手与方向。筛选和确定改进方向，要考虑重要性、可控性和挑战性3个维度，如表12-2所示。

表12-2　绩效改进方向的确定纬度

维度	说明
重要性	指与组织战略目标的吻合程度和高层的重视程度。确定的方向越受高层重视，组织可提供的支持就越多，取得成果后更容易在组织内复制，推广力度也更大
可控性	指达成的可控程度和组织的支持程度。如果选择的改进项目在组织的职权范围内可以完成的，动用的组织资源也完全可控，目标就会更容易达成
挑战性	指达成的难易程度和覆盖员工的数量。改进项目应具有一定难度，达成后要超过现有水平甚至原定目标值；改进项目覆盖的成员数量很少，相对容易实现，就不需要专门的绩效改进项目进行推进了

组织绩效目标是各层级组织为了承接公司战略而设定的任务标准，也是衡量当前组织业绩状况是否需要改进的标杆。设定组织绩效改进目标，可以从以下3个层面综合考量。

①战略目标。基于组织的愿景、使命和战略而形成的结果性目标，比如，营业额、净利润等经营指标，还包括市场地位、品牌形象、利益相关方的满意度等非量化指标。

②流程目标。基于战略目标和业务流程拆解的过程性目标，如产品合

格率、客户流失率、转化率等。

③行动计划。基于流程目标和差距原因分析而形成的动作性目标，其实质是解决方案。

（2）分析关键差距。明确组织绩效目标后，了解当前的组织绩效状况，分析出与期望目标之间的关键差距。一方面，通过访谈、小组座谈和问卷调查等方式搜集相关数据，以定量分析的方法厘清现状与目标之间的逻辑关系，找到撬动绩效提升的杠杆点。另一方面，对已识别出的关键差距定性描述。此外还要对关键差距分析的结果予以描述和解释，使参与绩效改进的成员对其重要性和紧迫性达成共识。

（3）分析原因。讨论绩效现状与绩效目标的差距时，直接采取解决方案，无法取得理想的绩效改进效果，只有基于原因分析提出的绩效改进方案，才能对症下药。那么，如何进行原因分析呢？

①组织层面。组织战略是否描述清晰并传递给组织成员？组织的设计是否能有效地支持组织战略？关键流程的目标是否与组织需求保持一致？组织能否及时给予员工所需的信息和反馈？完成任务的员工是否可以得到相应的激励？

②员工层面。员工是否具备工作所需的知识和技能？员工是否有好的工作态度和产出？员工的价值观是否符合企业文化？

（4）确定方案。绩效改进方案，要基于当前的主要矛盾从众多方案中选择出最优的方案，并进行优先级排序。在评价和筛选解决方案时，可以从必要性、经济性、可行性和接受度4个维度进行考量。

①必要性。为了达成绩效目标，解决方案的必要性有多大？如果不用

这个解决方案，是否会对结果产生影响？

②经济性。如果采用这个解决方案，需要多少成本？包括经费、物资等直接成本和投入时间等间接成本。

③可行性。在实施过程中，企业管理层是否支持？成员是否愿意执行？是否有足够的时间和能力完成？

④接受度。解决方案与组织文化或管理风格是否一致，组织层面的接受度如何？在实施过程中，品牌形象是否冲突？预估目标群体的接受度如何，是否会引起目标群体强烈的抵触？

（5）推进任务。推进任务的核心要点是对解决方案进行任务分解，使用头脑风暴法进行发散性思考，再对分解后的任务进行归纳，推进任务需要有明确的时间节点和责任人，保障其有效落地。

第十三章 组织绩效结果的应用

组织绩效结果在员工层面的应用

绩效结果应用于组织，主要分为物质层面和精神层面，物质层面包括绩效工资、奖金、调薪、股权激励、福利，精神层面包括晋升、试用期管理、潜能评价与发展计划、荣誉等，同时绩效结果也应用于绩效面谈及持续改进。

1. 组织绩效结果在绩效管理中的应用

（1）组织绩效面谈的依据。在组织绩效管理中，上级和成员是绩效合作伙伴，上级帮助成员提高绩效是首要任务。上级在分析成员绩效结果后，和成员进行面对面的沟通，带着成员回顾考核期的工作，肯定他们的进步和成长，指出其不足，并与成员一起来制订改善计划。成员绩效的提升，是企业绩效提升的基础。绩效改善计划一定要有实际操作性，要有"行动步骤"。要通过对成员的培训、指导来提高他们的能力，促进组织核心竞争力的提升和成员个人的发展，使组织形成共赢的关系。

（2）关注不达标组织，提高公司成本利用率。在很多企业中，对于不达标的员工，会采取简单的辞退方式。但是绩效不好，有可能是工作能力问题或工作态度问题，也有可能是资源支持不到位的问题。公司从招聘到适应熟悉公司工作，一个员工需要花费很大的成本（包括工资、五险一金、部门培训、机会成本等），不能以简单的辞退方式来解决，这种方式将造成公司成本的浪费。如果是能力不足，进行相关的能力培训，再竞争上岗；如果是态度问题，纠正工作态度；如果是资源支持不到位，就协调资源。迅速关注到绩效不好的员工，统一培训安排，让这部分员工产生更大的价值，并有利于公司良好的企业文化的形成。

（3）组织成员培训开发的依据。绩效结果与预期绩效对比之间的差距，是培训开发的方向和依据，结合组织成员个人的发展目标，可以为成员制订职业规划，并设计相应的培训开发课程，提高组织成员的工作积极性。

2. 组织绩效结果在物质层面的应用

（1）绩效工资。绩效工资是以企业业绩考核为基础的，体现组织成员业绩的激励性收入，可以根据企业的薪酬策略及岗位特点设计，应用绩效考核的结果。绩效结果应用于绩效工资的方法很多，可以将绩效结果分成几个等级。而不同等级对应不同的系数，会直接影响绩效工资的发放金额。因此，既可以将绩效分数直接挂钩理论绩效工资，确定绩效工资实际发放的金额，还可以直接将绩效工资设定差额化的金额，不同绩效结果对应不同的绩效工资金额。

①奖金。奖金的形式多种多样，可以根据企业的实际情况，在总额可控的前提下灵活设置，并设计发放规则，根据绩效考核结果发放；可以针

对不同层级员工设置奖金，层级越高，对组织业绩影响越大。

②绩效调薪。绩效调薪是指，根据员工的绩效考核结果对其基本薪酬进行调整，调薪周期一般按年来进行，调薪的比例也应当有所区别，绩效考核结果越高，调薪的比例也就越高。

③股权激励。股权激励是为了激励组织成员，平衡企业的长期目标与短期目标，激励对象一般以企业战略目标为导向，即对企业战略最有价值的人员。股权激励的行权一定与业绩挂钩，首先是企业的整体业绩状况，其次是个人考核结果。当然，具体考核指标，应根据不同企业的情况而定。

（2）员工福利。这里的福利不是指保障性福利，而是企业的额外福利。对绩效达到一定程度的优秀员工，可以发放额外福利，比如，出国旅游、子女学费补贴等。企业设计福利菜单，还可以将各种额外福利分配福利积分，由员工用获得的绩效分数兑换需要的福利项目。

3.组织绩效结果在精神层面的应用

（1）晋升。企业需要建立符合企业特点的职业发展双通道，明确职业的发展路径，适时开展人才盘点，理顺人才竞聘管理流程，将绩效考核结果应用于人才发展管理。

（2）员工试用期管理。试用期评估时，绩效结果占很大比重，特别是涉及转正定薪。有些关键岗位或技术要求高的岗位，入职时界定了转正后的薪资范围，需要依据试用期内的绩效考核结果，确定转正薪酬。

（3）员工潜能评价与员工发展计划。通过对绩效考核结果分析、反馈面谈，就能了解组织成员的优势和劣势，再通过测评等手段，协助做好职业规划,将合适的人放在合适的岗位,从而创造高产出和高效益。

(4)员工荣誉。将绩效结果与员工荣誉挂钩,主要是体现在把工作业绩与选模范、评先进联系起来,鞭策获得者保持和发扬成绩的力量,同时对其他人产生感召力,产生较好的激励效果。

组织绩效结果在组织层面的应用

组织绩效结果应用于组织层面,主要内容如下。

1. 组织绩效结果问题诊断

在绩效管理过程中,企业非常重要的一个环节是做绩效结果分析,通过统计学的方法,多维度地对组织的绩效记录、数据展开分析,对比结果与预期目标,分析出组织存在的问题。然后对症下药,就能使公司的经营管理达到良性循环,创造出更大的价值。

(1)对标基准找差距。企业可以对标计划目标,将当期绩效表现与期初和预算进行对比;对标历史绩效,将当期实际绩效与上一期或上年同期进行对比;对标内部绩效,在企业内部不同部门之间进行横向比较;对标行业绩效,寻找行业标准和竞争对手进行对比,找出企业的差距在哪。

(2)顺藤摸瓜找线索。顺着目标分解的路径进行查找,层层对比分析直达组织层面,进行目标"回检",分析对象依次为企业级目标、部门目标、岗位目标,找出问题的症结所在。

(3)针对组织成员找原因。可以根据组织成员绩效分析原因,找出个体绩效影响组织的问题。对于外部障碍即公司层面的，要进行制度建设、管理变革等。

2. 制订组织绩效改进计划

组织绩效结果是评价组织绩效的依据，通过组织绩效结果，可以了解企业存在的问题，并找到原因，据此制订绩效改进计划，改进运营策略和工作方案，使组织绩效管理形成螺旋向上的趋势，保证绩效管理目的的实现。

在绩效改进计划实施过程中，企业管理者应该通过绩效监控和沟通机制，控制绩效改进计划的实施过程，一方面要监督绩效改进计划能否按照预期的计划进行；另一方面要根据实际情况，及时修订和调整不合理的改进计划。

3. 确定企业薪酬调整策略

组织绩效结果关系到企业或组织（如部门）的薪酬调整策略，并决定着激励作用是否有效发挥，企业完全可以根据公司生命周期及绩效结果，确定整体调薪策略，向某些职类、职层倾斜策略。

4. 影响组织员工晋升、薪资晋档、评优评先

组织绩效结果对于组织员工的晋升比例、薪资晋档比例及评优评先比例都会产生影响，且绩优组织的成员可以获得更多的晋升机会。

5. 分析组织能力，制订培训计划

通过组织绩效结果分析，可以发现需要提升的组织能力，识别成员培训和开发的需要，制订培训计划。此外，还可以作为培训效标，用绩效评价结果来衡量培训效果。

6. 塑造以结果为导向的企业文化

在日常管理中，企业重视绩效管理闭环、重视绩效结果，就能营造以结果为导向的企业文化，加强企业绩效文化氛围，在企业内部形成上下一致、积极向上、追求绩效的文化氛围。

7. 检验组织效率的工具

通过绩效结果分析，可以评判组织的管理效率，并找出影响组织效率的关键点，通过梳理组织架构及流程提升组织效率。

如何操作和处理绩效申诉

组织绩效管理中的申诉渠道，是组织成员表达绩效管理意见的重要方式。

一个健康的企业有绩效管理的申诉机制是正常现象，完全没有绩效申诉机制，反而不能判断该企业的绩效管理是否正常，比如组织成员有意见却无处表达，或企业文化氛围不允许成员表达，或者绩效申诉机制让组织成员表达意见后可能对自己未来的发展不利。

要想建立绩效申诉的机制，有一定难度。因为组织成员的绩效申诉多数来源于自己的直属上级。多数情况下，组织成员害怕得罪领导，担心未来自己不容易开展工作。所以，他们不会采取公开的申诉。但在私底下，却可能产生许多牢骚，长期下去，不利于企业文化氛围的建设。

企业在建立绩效申诉渠道时，要思考并解决组织成员不敢申诉、不愿申诉或不能申诉的问题，提高企业树立绩效管理和绩效考核的公信力。

1. 明确机构

申诉渠道建设的第一步，是明确企业内部绩效申诉的对口管理机构和相关权责。一般来说，人力资源部门是绩效申诉事件的受理和调查机构。绩效管理委员会下设的绩效管理小组作为绩效申诉的裁决机构。

2. 丰富渠道

组织绩效申诉的渠道应该多种多样，不应拘泥于一种，比如，邮箱、社交软件、内网平台、职工意见箱或直接到人力资源部门诉说等，都是方便组织成员传递信息的渠道，可以作为绩效申诉的渠道。

3. 注意保密

在接受绩效申诉时，对绩效申诉人以及绩效申诉事件，人力资源部门要严格保密。对于匿名的绩效申诉，要尊重申诉人的隐私，把工作重点放在查清事实上，不要过分调查申诉人是谁。此外，在绩效申诉事件调查过程中，人力资源部门也要采取保密原则，不要泄露调查的具体事件。

4. 宣传引导

在建立绩效申诉渠道时，企业要在内部给予正确的宣传引导。企业最高管理层要对各级管理层进行宣导：组织成员维护自身权益是自身具有的权利，是一件很正常的事，各级管理层要以平常心对待。

绩效管理过程出现问题在所难免，关键是如何修正。作为考核人，部门管理者应当在部门内部建立起绩效申诉的渠道、机制和氛围，争取在部门内部解决员工绩效申诉问题。

常见的绩效申诉事件内容如下。

（1）绩效考核指标没有按照预定的项目进行。

（2）客观环境的变化导致工作条件发生变化。

（3）绩效评价结果较低是受其他职工的影响。

（4）绩效考核的评价依据存在争议或主观性。

（5）绩效管理的流程体系运行存在不公平性。

当然，为了保证组织绩效管理运行的效率，绩效申诉应当有一定的时间限制。一般来说，绩效申诉人应当在知道绩效考核结果的7日内提出申诉意见，否则申诉无效。

后 记

从组织绩效模式看,有六道硬伤比较常见。这六道硬伤制约着整个绩效体系的正常推进。就像开车上路,路是好的,但车本身有问题,自然就无法顺利到达目的地。

第一道硬伤:组织绩效体系被肢解

组织绩效体系是个完整的体系,从绩效目标,到绩效辅导,再到绩效考核,最后到绩效反馈,是一个完整的过程,最终达成企业目标。但是很多企业对组织绩效管理的认识,只停留在绩效考核上。年初没有目标,年中也没目标,年底却说要考核,那么考核要达到什么目的呢?就是奖惩员工。这样的绩效考核,会受到员工的赞成吗?能获得所有管理者的支持吗?

要想让组织成员支持绩效管理,首先就要让全员对组织绩效管理的认识一致,共同参与进来,保持目标的一致,真正实现上下同心。

第二道硬伤:考核指标被枝节化

组织绩效考核本来是利用考核指标对组织战略起支撑作用的,应该从战略中来到战略中去。但很多企业在制定组织绩效考核指标的时候,想当然、拍脑袋，甚至把关灯、关空调、迟到、早退都列入考核指标。想想看，即使把灯和空调都关好了，不迟到、不早退，就能完成目标吗？如果组织绩效考核指标中，都是这些枝节的指标，怎么完成企业战略？

第三道硬伤：考核责任链断裂

有些部门经理很不负责，对下属的评分都是95分、98分。他为什么会把下属都评95分、98分？因为他的肩膀上没有责任。如果企业是他的，他会这么做吗？如果下属的业绩完成情况直接跟他的工资挂钩，他会这么做吗？管理者不负责任，根本原因不是道德问题，而是管理问题。绩效考核只考核下面，不考核上面，考核责任没有自上而下传递下来，就容易出现责任链断裂。

第四道硬伤：定性指标软化

很多企业定量指标做得都非常好，但定性指标随意性大，总是出现业务部门评分低、管理部门评分高的现象。其实，这并不是因为管理部门业绩做得好，而是因为管理部门指标没有量化，没有标准。管理者对定性指标评分非常随意，今天看他顺眼给他打90分，明天看他不顺眼就打70分，90分和70分的标准是什么？没有。员工感觉不公平。企业为什么绩效管理做着做着，最后却做不下去了，就是被不公平的规则毁掉了。

第五道硬伤：考核导向模糊

组织绩效考核中，到底哪些人受到奖励？哪些人受到处罚？鼓励什么？反对什么？这就是企业的考核导向。如果企业的考核导向不明确，业绩做得好不奖励，业绩做得不好反而奖励，或者业绩做得好和做得不好都一样，谁又愿意去做好？所以，企业"考核导向不明确"是造成绩效考核没有动力的重要原因。

第六道硬伤：激励模式过时

很多企业说，现在员工对绩效考核根本不在乎，不怕扣工资，有的员工即使被辞退，也无所谓。那么，企业该用哪些方法来激励员工呢？

其实员工的需求就是设计绩效模式的依据和基础。互联网时代，员工的需求层次已经发生变化，除了物质需求，他们还希望得到尊重，希望张扬个性，希望体现自己的价值。管理者要懂得发现员工的需求，去满足员工的需求。忽视了员工的需求，不管怎么激励，员工都不会买账。